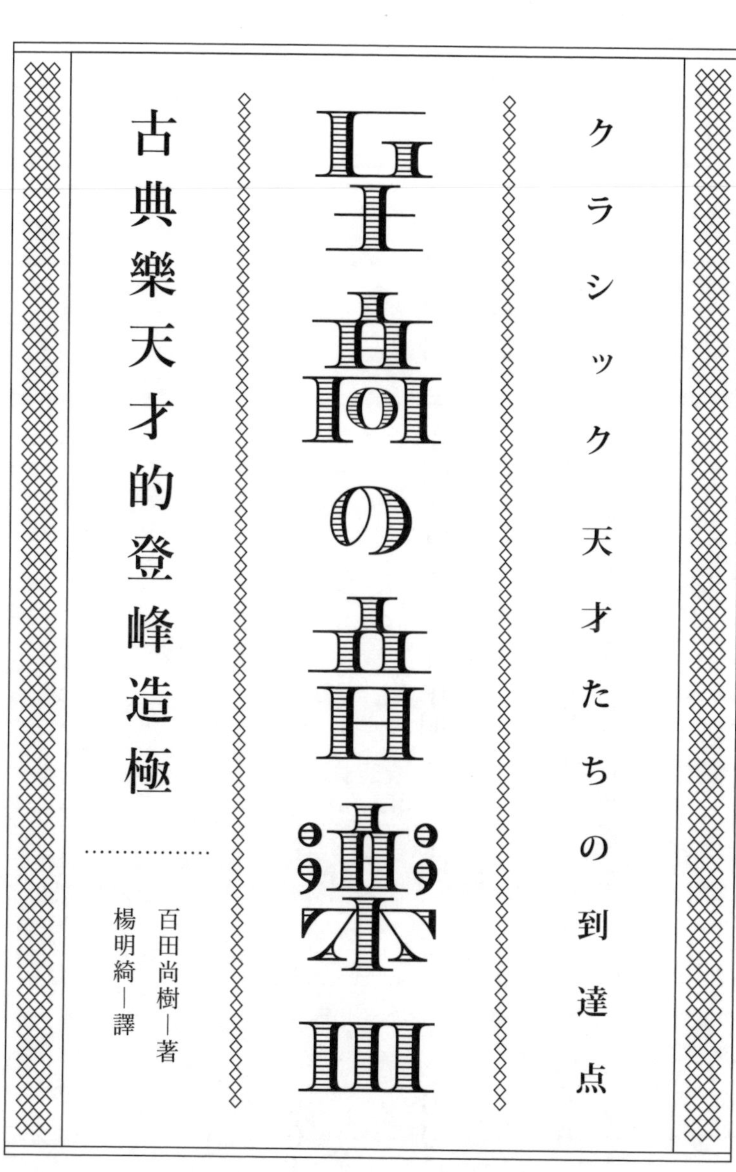
クラシック天才たちの到達点
至高の音楽
古典樂天才的登峰造極
百田尚樹—著
楊明綺—譯

目次

前言……001
第一單元　天才們的青年期・壯年期……005
第一曲　蕭邦　第一號鋼琴協奏曲……006
隨著年紀漸長，才領悟到這首曲子的精妙之處

第二曲　貝多芬　第七號交響曲……018
喜歡搖滾樂的朋友，深深愛上此曲

第三曲　莫札特　《費加洛婚禮》……030
以女性貞操為題，最有莫札特風格的作品

第四曲　理查·史特勞斯　《查拉圖斯特拉如是說》……042
將哲學著作化為音樂的男人

第五曲　孟德爾頌　小提琴協奏曲……054
唯有小提琴才能表現的世界

第六曲　德弗札克　《來自新世界》……066
蘊含各種情感，令人騷然不安的曲子

第七曲 小約翰．史特勞斯 《藍色多瑙河》……076
為反抗父親而作，小約翰．史特勞斯的代表作

間奏曲 漫談馬勒……086

第八曲 巴赫 無伴奏大提琴組曲……092
只用一把大提琴，描繪廣闊世界

第九曲 普契尼 《波希米亞人》……104
描寫世間年輕男女的新時代歌劇

第十曲 史特拉汶斯基 《春之祭》……116
才華爆發，年輕天才的至高傑作

第十一曲　佛瑞《安魂曲》……128
一首曲風開朗到有點不可思議的曲子

第十二曲　貝多芬　第八號交響曲……138
無比明快的至高之作

第十三曲　理查·史特勞斯《莎樂美》……148
用音樂表現為愛瘋狂的女人心

第十四曲　貝多芬　鋼琴協奏曲《皇帝》……158
做著擊潰拿破崙軍隊的美夢而譜寫的曲子

第二單元　古典樂天才的登峰造極……169
前奏曲　音樂巨匠們的「生死觀」……170
第十五曲……莫札特　三大交響曲……174
堪稱莫札特「遺書」的三首交響曲
第十六曲……貝多芬　第三十二號鋼琴奏鳴曲……186
人類史上最偉大的曲子
第十七曲……布拉姆斯　單簧管五重奏……196
拋開貝多芬陰影，展現本色的曲子

第十八曲……史麥塔納《莫爾道河》……206
失聰後，催生出捷克的另一首國歌

第十九曲……莫札特 第二十七號鋼琴協奏曲……216
掙脫現世悲苦的曲子

第二十曲……貝多芬《狄亞貝里變奏曲》……226
雄渾莊嚴的鉅作

第二十一曲……舒伯特 第十九～二十一號鋼琴奏鳴曲（遺作）……236
作曲家描述自己即將告別人世的心境

第二十二曲……莫札特《安魂曲》……246
充滿謎團的天才最後之作

第二十三曲 貝多芬 後期弦樂四重奏……256
步入遲暮之年的「無重力」音樂
第二十四曲 巴赫《賦格的藝術》……268
訴說巴赫之死的「突然沉默」
第二十五曲 理查・史特勞斯《最後四首歌》……280
古典音樂的最後一道光芒
後記……292

至高の音楽 Ⅲ

前言

對我來說，古典音樂，是一種毒品。

準備迎向二字頭的那年，我被它的魅力俘虜，從此沉醉其中超過四十載。該說是聽不厭嗎？愈聽愈深陷於它的妖豔魅力，直至今日。

這本書就是結集讓我深深著迷的古典樂名曲的散文集。書名《古典樂天才的登峰造極》，意指本書第二單元介紹的作品，亦即天才作曲家們即將告別人世的最後創作；第一單元則介紹偉大作曲家們從年輕到壯年期的作品，也就是說，只要全部讀過一遍，便能了解「藝術家的軌跡」吧！

偉大的藝術家絕對不會在原地打轉，而是與時俱進，不斷蛻變。此外，藝術家不像上班族有退休年限，也不像運動選手遲早會引退，一生奉獻給音樂、青史留名的大作曲家們直到嚥下最後一口氣，依舊創作不輟。

不少作曲家年輕時擅用感傷的旋律譜出優美曲子、華麗曲子，有時也會寫出熱情洋溢的激昂曲子；邁入壯年期，則是創作磅礴大曲、氣勢非凡的曲子；但不可思議的是，步入晚年，創作出來的多是較為沉潛、吟味淡泊趣意，曲風沉穩的曲子。

淡泊這詞或許讓讀者聯想到「平淡無味」、沒有活力的感覺，其實絕非如此，反而多的是音樂活力更為爆發的曲子。看起來平靜的崇山峻嶺，其實內部流動著熾熱溶岩，不知這樣的譬喻是否能傳達我想說的意思呢？

雖然我很喜歡音樂家們青春期與壯年期的作品，但晚年的作品更深得我心，從年輕時就是如此。起初覺得艱澀難懂的曲子，只要反覆聆賞，便能逐漸為其含意深遠的內容深深著迷，因為這些作品如實呈現了作曲家的心境與情感。

怎麼說呢？他們的最晚年之作不是為聽眾譜寫，而是為自己創作，所以不再拘泥於音樂會要求的效果與氣勢，因為寫給自己聽的音樂不必講求這些元素。

本書是繼《至高の音樂》、《至高の音樂2》，我的古典音樂散文集的完結篇，描述前兩本拙作介紹的天才們最後到達的世界。

本書一樣也附上匯集各首名曲最精彩之處的ＣＤ。倘若一邊閱讀，一邊聆賞ＣＤ，能讓您對這首曲子感興趣的話，建議買張ＣＤ，聆賞全曲；最近也可以上YouTube聆賞。

我相信古典音樂名曲一定能豐富您的人生。

註：ＣＤ為日文版原書所附，台灣中文版為提供免費線上串流音樂歌單。

第一單元

天才們的青年期・壯年期

第一曲

01

蕭邦
第一號鋼琴協奏曲

隨著年紀漸長，才領悟到這首曲子的精妙之處

MUZIK AIR 全曲收聽：

https://muzikair.page.link/XW4L

以鋼琴編綴而成的日記

弗雷德里克・弗朗索瓦・蕭邦（Frédéric François Chopin，一八一〇～一八四九年）是眾所周知的鋼琴曲作曲家。他寫的曲子都有用到鋼琴這項樂器，而且幾乎都是鋼琴獨奏曲，沒有創作歌劇、管弦樂曲、弦樂四重奏等。就某種意思來說，蕭邦可說是十九世紀古典音樂作曲家中的異類，相較於稍早之前的貝多芬（Ludwig van Beethoven）、莫札特（Wolfgang Amadeus Mozart）、海頓（Joseph Haydn）等音樂家創作各種類型的音樂，他與同時期的李斯特（Franz Liszt）、舒曼（Robert Schumann）、孟德爾頌（Felix Mendelssohn）等，屬於同一類型的音樂家。

在海頓與莫札特身處的時代，作曲家也是一種音樂工匠，為了因應貴族要求，什麼樣的曲子都得寫。貝多芬稍稍有別於這兩位，為了追求自己理想中的音樂，拓展出各種領域；畢竟依樂器的不同，表現出來的音樂也不一樣。貝多芬之後的作曲家們，或多或少都視貝多芬的音樂為創作標竿。

蕭邦卻志不在此，並不想成為像前輩那樣的作曲家，因為他對於當時最能讓作曲家贏得讚賞的交響曲、歌劇不太感興趣。

蕭邦終其一生最愛的就是鋼琴。雖然他以演奏家聞名於世，但綜觀其一生，其實他並不追求沐浴在音樂會中的如雷掌聲；或許是因為健康因素（蕭邦三十九歲那年因為肺結核病逝），他幾乎不太巡迴各地演出，也不喜歡在大型音樂廳演奏（有一說是因為他的琴聲比較小聲），偏好在自家或小型沙龍演奏給少數人聆賞，和小他一歲、同樣也是著名鋼琴家李斯特的行事風格截然不同（李斯特時常在歐洲各地大型音樂廳巡演，沐浴在觀眾的掌聲中）。

或許蕭邦不是為了別人演奏，而是為自己吧！因此，聆賞蕭邦的鋼琴曲時，總覺得彷彿他在耳邊呢喃細語，每一首鋼琴曲宛如用鋼琴編綴而成的日記。事實上，有別於他的《英雄》（Heroic）波蘭舞曲和練習曲等幾首極富演奏效果的曲子，基本上他的作品還是以沉靜內斂的曲子居多。

不過，這樣的蕭邦在十幾歲時，應該也曾立志成為名聲響亮的作曲家，才會於二十歲時創作兩首鋼琴協奏曲。這次為各位介紹的是E小調第一號鋼琴協奏曲。

那些一去不復返的日子

其實我不是蕭邦的死忠粉。雖然我也很喜歡他的波蘭舞曲、詼諧曲（速度很快的三拍子戲謔曲）、奏鳴曲、練習曲等，但並非每一首都愛。還有像是華爾滋、馬厝卡（波蘭的舞曲）、夜曲、敘事曲等，喜歡的曲子也不多。第一號鋼琴協奏曲有好長一段時間也被我列為不太喜歡的名單，總覺得太甜膩，只是一首為賦新詞強說愁的曲子；但不可思議的是，隨著年紀漸長，我卻愈來愈喜愛這首曲子。

不僅音樂，文學亦然，隨著年歲漸增，喜好也會改變。年輕時深受感動的小說和電影，長大後重新回味時，卻覺得不怎麼樣的例子可說屢見不鮮。就某種意義來說，有時覺得失望的那麼一瞬間，其實也很珍貴，因為這就是一種自我成長的證明；當然，可能純粹只是喜好改變，或是失去了年少時的敏銳感性也說不定。因此，基於上述原因，我一定會重溫年輕時看過的小說和電影，結果發現自己對於不少作品的評價降低了，也有不再那麼感動的作品；雖然這不是什麼好掛齒的事，但我在書櫃特地闢了一區，專門擺放那些稱為「殿堂等級」的作品（小說、非虛構作品、電影DVD等）。

其中也不乏那種年少時覺得不過爾爾，長大後卻深受感動的佳作。這番發現（應該可以這麼說吧）讓人覺得既刺激又興奮。對我而言，蕭邦的第一號鋼琴協奏曲便是一例。

如同前述，年輕時的我認為這首曲子「太甜膩，只是一首為賦新詞強說愁的曲子」，現在的我卻能聽到年少時聽不見的東西。畢竟聽的是同樣的曲子、同樣的樂音，這樣的說法有點奇怪，所以應該說「感受到年輕時感受不到的東西」。

聆賞這首曲子時，感受得到青春的悲傷與哀愁。那段遙遠過往的青春年華，一去不復返的日子——那些令人懷念、悲傷的青春回憶剎時湧上心頭。當然，純屬個人的主觀看法，沒有強迫讀者諸君也要接受的意思。

就像我一直強調的，如何接受這系列作品介紹的音樂是聽者的自由。文學是將作者的思維化為文字，但對沒有歌詞的器樂曲來說，這是不可能的事。因此，聆賞音樂的樂趣就在於擴大對於抽象世界的想像，是吧？

再者，音樂並非理性，而是訴諸情感的東西，因為音樂而有所觸動的是潛藏於內心深處的「想法」。我想，這就是被音樂感動而滿懷的喜悅。

我感受到蕭邦就是抱持這樣的想法，譜寫這首曲子。他和同時期的舒曼、李斯特不一樣，不會給自己創作的曲子加上「標題」，就是這麼一位不會給音樂增添文學性的東西、也不想表現出影像般的感覺，純粹追求聲音世界的作曲家。

譜寫於戀情告吹後的曲子

第一樂章的開頭便十分戲劇性，鋼琴沒有登場，只有交響樂團演奏。這在當時是十分典型的風格，足見後來作曲風格獨創的蕭邦二十幾歲時也是從善如流。雖說開頭部分只有樂團演奏，旋律還是蕭邦風格。第一主題是馬厝卡風格，第二主題則是波蘭舞曲風格。

這首曲子一直被批評樂團部分（管弦樂編曲）的編曲十分貧弱。相較於貝多芬和布拉姆斯（Johannes Brahms）的協奏曲，樂團部分的確很弱，但我認為蕭邦的這首曲子絲毫不遜於莫札特與海頓的協奏曲。

其實這首曲子幾乎沒留下蕭邦的親筆樂譜。根據近來的研究發現，樂團部分極有可能是出版社請好幾位編曲家譜寫而成；由蕭邦之後幾乎不創作交響曲一事來看，這樣的說法不無可能。然而，就算這首曲子是假他人之手完成，也絲毫不減其令人感動的魅力。

只有樂團演奏的呈示部結束後，鋼琴登場。該如何形容鋼琴的音色呢？簡直美得令人嘆息，曲子的深度亦一口氣倍增，蕭邦獨特的奔放情感藉由琴鍵盡情宣洩。長度將近二十分鐘的這個樂章，說是蘊含蕭邦的一切也不為過。接著是發展部，就像我一再提及的，奏出充滿懷念過往青春的悲傷旋律，然後樂章進入尾奏，盡顯蕭邦的鋼琴技巧，戲劇性地劃下句點。

第二樂章是徐緩樂章，流瀉著浪漫旋律。鋼琴的樂音是如此令人揪心、虛無縹緲、哀愁——。蕭邦與情人康絲丹采・哥拉德科斯卡（Konstancja Cladkowska）破局後，譜寫了這首曲子（兩人曾論及婚嫁），所以這樂章被說是綴滿了他對往日情人的眷戀。雖然我沒聽到這樣的感覺，但聆賞這樂章時，的確有種難以言喻的揪心感。

第三樂章不同於前兩個樂章，採華麗的輪旋曲式。雖然也是運用了相當多鋼琴技巧，無比悅耳的曲子；但我個人覺得和前兩個樂章截然不同，當然這樂章也很精彩。

這首曲子雖名為第一號鋼琴協奏曲，其實是蕭邦創作的第二首協奏曲。或許因此之故，目前波蘭國家版《蕭邦鋼琴全集》（The National Edition）並沒有標上作品編號。

每五年於波蘭舉辦一次的國際蕭邦鋼琴大賽指定曲都是蕭邦的曲子，所以決賽時不是演奏蕭邦的第一號，就是第二號鋼琴協奏曲；但不知為何，參賽者幾乎都是演奏第一號。當然，這兩首都是逸品。我也從這首曲子聆賞到「一去不復返的青春歲月」，讓我有同樣感受的還有蕭邦的第二號詼諧曲中段部分。

題外話，出身波蘭的蕭邦後來成為法國公民，連名字也聽起來很法式風，若是波蘭風的話，就是弗里德里克．弗朗齊歇克．蕭佩（波蘭文：Fryderyk Franciszek Chopin）。

蕭邦鋼琴大賽優勝者們的演奏

這首曲子是蕭邦的代表作，所以名盤多如繁星，容我舉薦蕭邦國際鋼琴大賽得獎者的ＣＤ。五年一度於蕭邦的出生地波蘭舉行的鋼琴比賽，堪稱是國際頂尖鋼琴比賽，指定曲均為蕭邦的曲子，亦即這場比賽的冠軍絕對是一流的蕭邦作品演奏家。

一九六五年的冠軍得主阿格麗希（Martha Argerich），與指揮家阿巴多（Claudio Abbado）率領的倫敦交響樂團（London Symphony Orchestra）合作，以鋼琴表現出璀璨與哀愁，堪稱是一場完美演出。她於蕭邦鋼琴大賽決賽時的演奏（現場演奏）也是不容錯過的名演，予人一期一會的依戀不捨感。

一九六〇年的冠軍得主波里尼（Maurizio Pollini）、一九八〇年奪冠的鄧泰山的演奏也很推薦。一九八五年，當時十九歲的布寧（Stanislav Bunin）於蕭邦鋼琴大賽的演奏精彩萬分，展現他全盛時期的實力。

一九七五年的冠軍得主齊瑪曼（Krystian Zimerman），自己一邊指揮波蘭節慶管弦樂團（Polish Festival Orchestra）、一邊演奏的版本也非常推薦。

齊瑪曼為了演奏這首曲子，還從波蘭各樂團挑選團員組成樂團，歷經好幾個月的排練才錄音。光是這一點，就足以說明這個版本無論是鋼琴還是交響樂都是完美的演奏。

百田尚樹私房推薦錄音版本

鋼琴：阿格麗希
指揮：夏爾・杜特華（Charles Dutoit）
蒙特婁交響樂團（Montreal Symphony Orchestra）
一九八八年錄音

第二曲

貝多芬 第七號交響曲

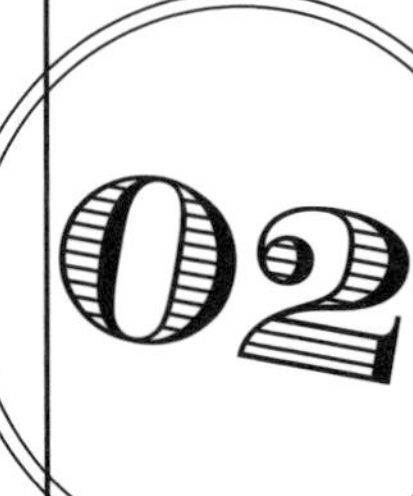

喜歡搖滾樂的朋友，深深愛上此曲

MUZIK AIR 全曲收聽：

https://muzikair.page.link/m4hx

爆發力更甚搖滾樂

這次我想介紹貝多芬（一七七〇～一八二七年）的第七號交響曲。

三十初到四十歲出頭的貝多芬不斷創作出經典名曲。研究貝多芬的專家——文豪羅曼・羅蘭（Romain Rolland，他的代表作《約翰・克里斯朵夫》（Jean-Christophe）就是以貝多芬為藍本），以「傑作之森」形容貝多芬這時期的眾多作品。第七號交響曲是「傑作之森」時期的後期之作，但與其他作品的風格相當不同。雖然第五號交響曲、第二、三號鋼琴奏鳴曲等，每一首都是描寫「從苦惱中得到歡喜」這個主題的中期傑作，但也有不少能撫慰靈魂，風格迥異的作品。

不過，這首第七號交響曲並未在開頭就表現出這般精神性，反而感覺像是在直接描寫音樂的歡喜。甚至可以說，能藉由樂音追求美與快感，具有無與倫比的爆發力。

輕快的節奏貫穿通篇樂章是一大特色。畢竟以節奏為主的曲子以爵士和搖滾居多，所以這首曲子在十九世紀的古典樂壇算是十分獨特。當然，也有像是華爾滋、小步舞曲（三拍子舞曲）、詼諧曲（三拍子戲謔曲）、波蘭舞曲等，以節奏為主的曲子，但每一首都是舞曲，很少有龐大的交響曲以節奏為主，貝多芬也是初次嘗試譜寫這種作品。

那麼，他為何突然譜寫以節奏為主，如此現代風格的交響曲呢？就某種意義來說，第七號是非常前衛、現代風格的曲子，具有比搖滾樂更強大的爆發力。近年來，廣受歡迎的偶像劇《交響情人夢》（のだめカンタ︱ビレ）、電視廣告等，頻頻使用這首曲子，也是讓非古典樂迷喜歡上的原因吧！

此外，這首曲子是以一樣的節奏反覆同樣的音型，能讓聽者享受微醺般的暢快感。記得學生時代，喜歡搖滾樂的朋友來我家玩時，我讓他聽好幾首交響曲。畢竟交響曲不是聽一次就能理解，所以友人覺得很無趣；但當他聽到第七號交響曲時，卻瞬間愛上，還大叫：「這根本就是搖滾樂嘛！」

當初貝多芬發表這首曲子時，竟然深受聽眾喜愛，卻也飽受音樂家的嚴苛批評。像是以歌劇《魔彈射手》（Der Freischütz）聞名的作曲家韋伯（Carl Maria von Weber，和貝多芬同時代的知名音樂家）聽了這首曲子，竟然說：「貝多芬應該去住精神病院。」還有同時代的著名鋼琴家佛列德．維克（Friedrich Wieck，舒曼的妻子——知名女流鋼琴家克拉拉（Clara Josephine Wieck）的父親）也這麼批評：「貝多芬肯定是喝醉時寫了這首曲子。」

另一方面，也有音樂家給予極高評價，其中最具代表性的就是華格納（Richard Wagner），他稱這首曲子是「舞蹈的神聖化」，也就是將舞曲提昇到某種境界。我認為華格納的代表作《女武神》（Die Walküre）第三幕〈女武神的飛行〉（Ride of the Valkyries）開頭音樂就是深受第七號交響曲終樂章的影響。

酒神巴克斯的饗宴

儘管這是一首前衛之作，形式上還是依循古典風格。

第一樂章是帶有序奏的奏鳴曲式。貝多芬創作第五和第六交響曲的漫長期間並沒有寫交響曲慣有的序奏，卻在第七號寫了如此磅礴的序奏；而且不愧是貝多芬，絕對不會讓它只是單純的序奏，曲折蜿蜒、猶如一波波海浪，整體音樂愈來愈激昂，成了不似序奏、充滿戲劇性的音樂。

「噹——噹噹、噹——噹噹」的主題登場，重複著擁有獨特節奏的旋律，像是跳舞似的歡愉曼妙，這是多麼奇妙的音樂啊！所有樂器反覆演奏這個貫穿通篇樂章的主題與節奏，初聽時覺得很單調，但是當呈示部進入發展部時，完全令人沉浸於這節奏的魅力，著實是一首不可思議的曲子。

第二樂章是稍快板（速度稍快）。這首曲子也是以「噹——噹噹、噹——噹噹」一定的節奏演奏主題旋律。初演時，這優美的旋律深深擄獲聽眾的心，第二樂章更是安可次數最多的樂章之一。華格納稱此樂章是「不朽的稍快板」，哀愁至極的旋律，擁有讓人一聽就難忘的魅力。

附帶一提，這個樂章以往的演奏版本不是稍快板，多是慢板（徐緩）或行板（走路似的速度）。一旦以慢板演奏，整體樂章聽起來就像送葬進行曲，這又是一種難以言喻的美麗樂音，看來過往許多指揮家都從樂譜讀取到這樣的音色吧。然而，近年來崇尚正統，大多數指揮家還是依照作曲家的指示，以稍快板演奏這個樂章；雖然這也不是什麼壞事，不過只是基於樂譜上是這麼寫的理由，千篇一律以稍快板演奏，似乎乏味了點。畢竟節奏是一種感覺，希望指揮家能更大膽地表現。題外話，貝多芬的速度指示往往會讓整體速度過快，尤其很多情形是根本無法按照作曲家指示的速度記號來演奏。

第三樂章是詼諧曲。交響曲的詼諧曲樂章本來是為了改變整體氛圍而譜寫類似舞曲的曲子，但因為第七交響曲活脫脫就是首舞曲，所以這個樂章反而讓整首曲子的曲風更為統一、完整。

第四樂章是這首曲子最出類拔萃的部分。

「噹——噹噹噹、噹——噹噹噹」以如此輕快的節奏、速度演奏。這個節奏是弱起拍（小節從第一拍以外開始的部分），也就是將重點放在第二拍，這與現代的搖滾、流行歌曲的鼓聲拍子有著異曲同工之妙，無怪乎這首曲子深受搖滾樂迷喜愛。

從呈示部到發展部，進入再現部，音樂顯得越來越熱情，用「狂熱」一詞形容也不為過；後半段可說盡顯瘋狂之氣，結尾更是展現這首曲子驚人的爆發力。

如此激昂樂風在當時被譽為「巴克斯（Bacchus）的饗宴」，巴克斯是羅馬神話中的「酒神」，亦即對於當時的聽眾來說，他們是在「酒神」的領導下，接受這個讓人想載歌載舞的瘋狂樂章。前述提及佛列德．維克批評「貝多芬肯定是喝醉時寫了這首曲子」，就是在評價這首曲子的本質吧！

讓歌德憶起不愉快的回憶

貝多芬四十一歲時，譜寫了這首曲子，據說這時的他幾近全聾，音樂成了他人生的全部，也因此燃起創作偉大音樂的使命感，認為藝術是自己唯一的心靈慰藉。

創作這首曲子的稍早之前，貝多芬在休養地特普利茲（Teplitz，捷克北部）結識大文豪歌德（Johann Wolfgang Von Goethe）。這兩位十九世紀時代巨人的邂逅卻不是一件可喜之事，因為兩人一起散步時，發生了一件導致友誼破局的事。兩位名人並肩散步時，巧遇奧地利大公（皇太子）出巡。歌德摘下帽子，目送大公一行人離去，貝多芬卻昂首站在路中央，還讓大公向他主動打招呼。

歌德責備貝多芬的行為十分無禮，沒想到他卻反駁：「皇太子有很多個，但是這世上只有一個貝多芬。」此話一出，令歌德傻眼。另一方面，貝多芬也對歌德面對王公貴族時，竟然表現出如此卑微態度、失去身為藝術家的格調而輕蔑不已。兩人就此結下樑子，從此不相往來，但貝多芬至死還是十分尊敬歌德。

由這段軼事可一窺貝多芬抱持著「自己是獨一無二的音樂家」這般強烈的自我意識，也明白他有著恃才傲物的心態，認為「偉大的藝術家比皇帝還崇高」。

第七號交響曲是他從特普利茲回到維也納（Vienna）不久後，創作出來的曲子。我聆賞這首曲子時，感受到貝多芬體內那股藝術家的靈魂：「我要讓全世界看到我的才能與音樂爆發的能量！」這是一首讓人見識到展現驚人能量的曲子。

卡洛斯．克萊巴在拜恩的現場演奏堪稱完美

第七號交響曲有許多一流的演奏，每一片CD聽來都是讓人無比感動，但容我在此推薦幾張名盤。由卡拉揚（Herbert von Karajan）指揮柏林愛樂（Berliner Philharmoniker）的演奏有好幾個版本，每一場都是名演。此外，

由克萊巴（Carlos Kleiber）指揮維也納愛樂（Wiener Philharmoniker）的演奏堪稱完美；他在巴伐利亞（Bavaria）的現場演奏（巴伐利亞國家管弦樂團，Bayerisches Staatsorchester）的現場演奏更是精彩萬分。

福特萬格勒（Wilhelm Furtwängler）於戰時指揮柏林愛樂的實況錄音版本更是空前絕後的名演，可惜錄音品質非常差。

其他比較早期的指揮家，像是托斯卡尼尼（Arturo Toscanini）指揮NBC交響樂團（NBC Symphony Orchestra）；萊納（Fritz Reiner）指揮芝加哥交響樂團（Chicago Symphony Orchestra）、喬治・塞爾（György Széll）指揮克里夫蘭管弦樂團（Cleveland Orchestra）的演奏也很精彩，雖然每一場演奏都是超過半世紀的錄音版本，卻有著一流、令人驚豔的速度感。

克倫培勒（Otto Klemperer）指揮愛樂管弦樂團（Philharmonia Orchestra）、尤金・奧曼第（Eugene Ormandy）指揮費城管弦樂團（Philadelphia Orchestra）演奏行雲流水，展現磅礡氣勢。

還有一些比較新的錄音版本，像是提勒曼（Christian Thielemann）指揮維也納愛樂、賈維（Paavo Järvi）指揮布萊梅德意志室內愛樂（Deutsche Kammerphilharmonie Bremen）、汪德（Günter Wand）指揮北德廣播交響樂團（NDR-Sinfonieorchester）的演奏也很推薦。

百田尚樹私房推薦錄音版本

指揮：里卡多・慕提（Riccardo Muti）

費城管弦樂團

一九八八年錄音

第三曲

莫札特

《費加洛婚禮》

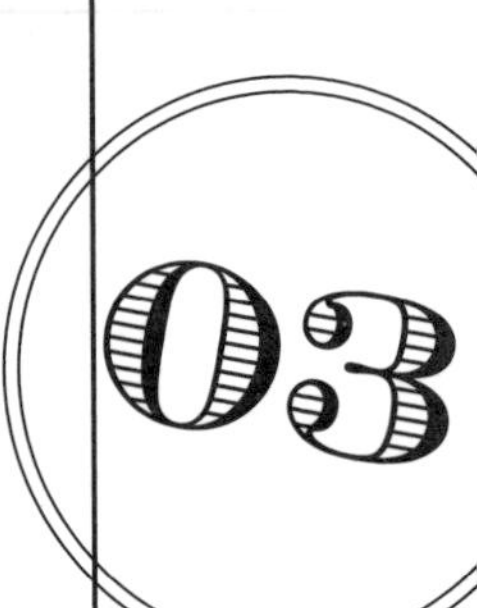

以女性貞操為題，最有莫札特風格的作品

MUZIK AIR 全曲收聽：

https://muzikair.page.link/1Nox

音樂與腳本完美結合的作品

莫札特（一七五六～一七九一年）短短三十五年的人生，創作超過六百首曲子；因此，要從為數眾多的傑作、名曲中，挑選五十首經典之作是非常困難的事。倘若非要我選一首的話，那就是歌劇《費加洛婚禮》（Le nozze di Figaro）。

個人認為《費加洛婚禮》是最有莫札特風格的作品，如此歡愉、悲傷、痛苦以及救贖，說是完全展現他的魅力也不為過。

原作是改編法國劇作家卡隆・德・博馬舍（Pierre-Augustin Caron de Beaumarchais）的劇作。原作別具爭議性，由於劇中批判十八世紀貴族的霸道專行與階級制度，也被說是引發法國大革命的間接因素之一。雖然歌劇於一七八六年首演，但不少人已經看過原作，所以在歐洲知識分子之間頗受好評。莫札特也於首演的前一年、也就是一七八五年看過原作，想以此為藍本創作一齣歌劇。

然而，要將這部劇作改編成歌劇其實是相當困難的事，為什麼呢？因為《費加洛婚禮》在保守的維也納遭到禁演。莫札特與劇作家洛倫佐・達・彭特（Lorenzo Da Ponte，同樣與莫札特合作了《唐・喬凡尼》（Don Giovanni）、《女人皆如此》（Così fan tutte））刪除批判貴族與階級制度的情節，轉換成愛情倫理劇，成功獲准上演；但實際觀賞這部歌劇，還是清楚保留批判貴族與階級制度的意念。

這部歌劇的腳本編寫，肯定採納了相當多莫札特的意見與想法，光聽音樂便能明瞭，登場人物的台詞與音樂巧妙契合。聆賞其他作曲家的歌劇時，偶爾會有故事與音樂不太契合的感覺，可能是因為作曲家沒有看過腳本的緣故，也可能是因為編劇沒有充分了解音樂的關係。《費加洛婚禮》的腳本與音樂可說是完美結合，所有台詞、歌詞與音樂的契合度只能以天衣無縫來形容。

好比第三幕重複好幾遍的六重唱，強烈展現這一幕的緊張與壓迫感。光是閱讀腳本可能無法感受到這一段的有趣與令人屏息的戲劇張力，但藉由莫札特的音樂展現了腳本無法呈現的精彩度。

這樣的場景在《費加洛婚禮》中，可說不勝枚舉。一般戲劇中，像是反目成仇的兩個角色登場時，只要有兩個以上的人物對話，觀眾往往聽不太清楚台詞，但是歌劇巧妙利用「反覆歌詞」這一點，變成二重唱、三重唱，將登場人物的台詞清楚傳達給觀眾。這就是音樂的力量，也是歌劇的魅力。也就是說，只有莫札特的點子才能催生這場景的發展與台詞（歌詞）。

劇中角色也十分吸引人。主角是侍奉阿瑪維瓦伯爵（Count Almaviva）的僕人費加洛（Figaro），圍繞著他的眾配角也不遜於主角。莫札特賦予他們精彩的音樂，完美突顯每個角色的存在感。

故事是從費加洛與未婚妻蘇珊娜（Susanna）討論新居裝潢一事開始。這天是兩人的大喜之日，蘇珊娜卻很煩惱，因為她的主人，也就是阿瑪維瓦伯爵有權行使「初夜權」。「初夜權」是中世紀歐洲貴族握有的一項特權，也就是有和自家女僕度過新婚初夜的權力。雖然阿瑪維瓦伯爵廢止這項特權，但蘇珊娜讓他深深著迷，所以他試圖讓這權力復活，奪走心愛女人的初夜。

我想，莫札特之所以對原作一見傾心，或許就是因為這個比較情色的題材吧。他的《唐．喬凡尼》也是，主角就是一位好色之徒；還有《女人皆如此》也是以女性出軌為題。莫札特自己也性好女色，還為老婆紅杏出牆一事而煩惱不已。或許對他而言，女性的貞操是一項極為深沉的課題。

表現女性溫柔與殘酷的經典場面

這麼說明後，讀者諸君肯定認為阿瑪維瓦伯爵是個無可救藥的壞人角色吧！他的確是個好色、霸道又沒品的中年男子，但只要聽過（觀賞過）這齣歌劇的人，實在討厭不了這個角色，因為莫札特為這角色寫了令人拍案叫絕的美妙音樂。

第三幕一開頭是蘇珊娜對伯爵高唱「初夜」約定的場景（二重唱）；但其實蘇珊娜說謊、欺騙伯爵，伯爵聽了卻滿心歡喜。

「好過分喔！為什麼讓人家一直焦急等待至今。」無法克制歡喜的心，責備蘇珊娜的伯爵真的好可愛，猶如初嚐戀愛滋味的少年。這段二重唱嗅不到半點好色、令人噁心的中年大叔味，倒是蘇珊娜的這番回答：「女人都在等待可以答允的機會！」聽起來像是酒店小姐的交際說詞。此外，像是這句：「對不起，我說謊了。親愛的伯爵大人。」以獨白方式表現的台詞，展現了女性的溫柔與殘酷，莫札特完美詮釋兩人的心情。要是不清楚男女之間的情感糾葛，寫不出這樣的音樂。

第三幕伯爵夫人與蘇珊娜的二重唱也是一大經典。伯爵夫人為了懲罰花心丈夫，遂叫蘇珊娜寫情書的這一幕，兩人以女高音唱出甜美詞句，著實魅力十足。順道一提，經典神片《刺激 1995》（The Shawshank Redemption）中，無辜入獄的男主角在廣播室播放給全監獄聽的歌劇就是這一段二重唱。電影中能言善道的男配角瑞德（Red）聽到這段歌聲，喃喃道：「彷彿美麗的鳥兒造訪，除去了圍牆。」這是原著（《麗塔·海華絲與蕭山克監獄的救贖》（Rita

Hayworth and Shawshank Redemption））中沒有的一段插曲，也是令人印象深刻的一幕。

這齣歌劇還有個名叫凱魯比諾（Cherubino）的童僕角色，正值情竇初開的他不只喜歡蘇珊娜，也愛慕伯爵夫人，是個對感情三心二意的少年。劇中他高唱兩首詠嘆調（由次女高音擔綱），第一首是速度較快、樂音彷彿在跳躍，表現青春期的多愁善感；另一曲則是以舒緩節奏，娓娓唱出少年的純情，完全相反的兩首曲子，描寫為性與愛苦惱不已的少年情懷。光是聽這兩首曲子便能明白莫札特是何等厲害的天才。

戲劇與小說皆不可能完美呈現的部分

再來是最後一幕（第四幕），喬裝成蘇珊娜的伯爵夫人在夜晚的庭園遇見伯爵，卻被不知情的費加洛撞見。誤以為心愛女人背叛自己，費加洛那無比絕望的歌聲深深打動聽者的心；雖然觀眾知道這一切都是誤會，卻還是能透過歌聲感受到費加洛的痛徹心扉。

氣憤不已的費加洛向兩人興師問罪，被喬裝成伯爵夫人的蘇珊娜制止。費加洛說出自己的妻子與伯爵偷腥的事實，伯爵夫人（其實是蘇珊娜）要他「冷靜」，這聲音讓費加洛察覺面前這個女人其實是蘇珊娜，於是他也假裝不知情地告白：「其實我從以前就愛慕著夫人。」蘇珊娜雖然很生氣，卻也繼續假扮應付，但費加洛的甜言蜜語讓蘇珊娜忍不住賞他一巴掌，挨妻子打的費加洛則因為感受到愛妻的醋意而興奮不已。這段二重唱的精彩程度實在是筆墨難以形容，已經不是熱鬧喜劇，而是浪漫愛情戲了。

重修舊好的兩人為了確認彼此的情意，走進倉庫，卻被伯爵撞見。這讓正在庭園向蘇珊娜（其實是伯爵夫人）表達愛意的伯爵內心十分徬徨。只見撞見自己的妻子與僕人偷情的他一邊怒喝「不可原諒！」，衝進倉庫將費加洛拖出來。眾人聽聞騷動，紛紛求情，但怒不可遏的伯爵咆哮：「絕對饒不了他！」這時，喬裝成蘇珊娜的伯爵夫人摘下面紗，說道：「就算我求情，也不行嗎？」

瞧見妻子面容的伯爵頓時恍然大悟，帶著深深的悔悟，靜靜地高唱：

「我的妻子啊！請原諒我！」

夫人也靜靜地高唱：

「我願意說『好』！」

這突如其來的悔悟與原諒，可是戲劇和小說無法完美表現的部分，因為光靠這兩句台詞，無法展現出強烈的戲劇張力。

音樂卻有此可能。一直以來都很緊繃的音樂幡然一變，聽著以舒緩節奏、靜靜高歌的伯爵歌聲，任誰都能感受到他的誠心悔改；而接受丈夫的悔意、充滿虔敬之情的伯爵夫人歌聲，則是讓觀者瞧見靈魂被救贖的感動。接下來的合唱更是精彩絕倫！說這場面的音樂彷彿天神降臨也不為過。不是我誇張，這是我聽過最至高無上的宗教音樂。

散發著懷古韻味的維也納香氣

《費加洛婚禮》的名盤可說不勝枚舉。老克萊巴（Erich Kleiber）指揮維也納愛樂的演奏絕對是古典的名演。雖然節奏比較快，歌手卻能充分唱出散發懷舊韻味的維也納香氣。

卡爾・貝姆（Karl Böhm）指揮柏林德意志歌劇管弦樂團（Orchester der Deutschen Oper Berlin）等的演奏也很精彩。以演唱費加洛聞名的男中音赫曼・普萊（Hermann Prey）的演繹最為經典，擔綱阿瑪維瓦伯爵的費雪－迪斯考（Dietrich Fischer-Dieskau）也很令人激賞，其他歌手的表現也很傑出。

奧圖曼・史威特納（Otmar Suitner）指揮德勒斯登國家管弦樂團（Staatskapelle Dresden）的演奏亦不容錯過。這一場是由普萊演唱阿瑪瓦維伯爵，史威特納的指揮十分生動，聽來讓人心情愉悅。

有一張我很愛的名盤卻讓我有點猶豫是否該推薦，那就是福特萬格勒於一九五三年，在薩爾茲堡音樂節（Salzburger Festspiele）指揮維也納愛樂的現場錄音版本。厚重的節奏讓人覺得不太像莫札特的風格，我倒認為是一場深度挖掘人性的名演，儼然已經超越了喜劇，而且不是以義大利語，而是以德語演唱，卻絲毫不覺得格格不入。

百田尚樹私房推薦錄音版本

凱魯比諾：柯索多（Fiorenza Cossotto）
指揮：朱里尼（Carlo Maria Giulini）
愛樂管弦樂團（Philharmonia Orchestra）
一九五九年錄音

第四曲

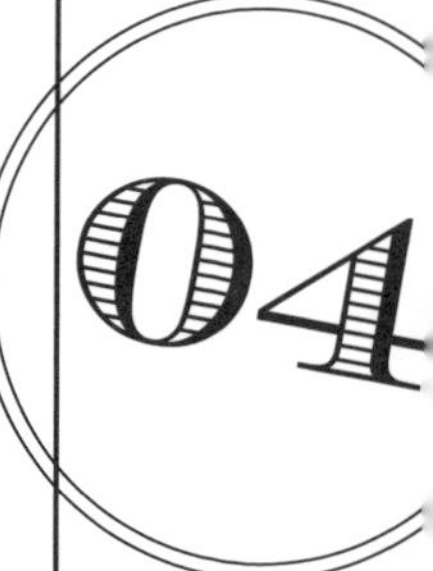

理查・史特勞斯

《查拉圖斯特拉如是說》

將哲學著作化為音樂的男人

MUZIK AIR 全曲收聽：

https://muzikair.page.link/qKZ8

「Do—·Sol—·Do—」

傳世的古典樂名曲中，有幾首膾炙人口、常被拿來當作配樂的經典旋律，像是貝多芬的《命運》（Fate）開頭、華格納歌劇《羅恩格林》（Lohengrin）的〈結婚進行曲〉（Wedding March）、蕭邦的第二號鋼琴奏鳴曲的第三樂章〈送葬進行曲〉（Funeral March）等，都是就算沒聽過原曲，但肯定聽過這段旋律的樂聲。

理查·史特勞斯（Richard Strauss，一八六四～一九四九年）的交響詩《查拉圖斯特拉如是說》（Also sprach Zarathustra）的開頭便是一例。所謂交響詩，就是內容具有文學性或繪畫性，加上標題的管弦樂曲。這首曲子的開頭「Do—·Sol—·Do—」的樂音實在太有名；不過，不同於《命運》等經典名曲是經由不斷演奏而逐漸滲透人心，這首《查拉圖斯特拉如是說》卻是因為一部電影而廣為世人熟知。

這部電影就是一九六八年推出的《二〇〇一：太空漫遊》（2001: A Space Odyssey）。電影一開場是數百萬年前的地球，人類的祖先，也就是一隻猿猴看著滾到地上的骨頭，腦子裡突然閃過一個念頭——骨頭可以拿來當武器；猿猴初次使用道具象徵著「人類的黎明」，就是如此戲劇性的場面。這時流洩的背景音樂就是《查拉圖斯特拉如是說》的開頭部分，效果絕佳，令許多觀眾印象深刻。

其實這部電影問世之前，幾乎不太有人知道這首曲子。即便是古典樂迷，相較於史特勞斯的其他交響詩，這首算是知名度比較低的作品；然而，隨著這部電影推出，這首曲子亦成為史特勞斯作品中最有名的一首。從此，這段旋律被廣泛用於連續劇、電影、綜藝節目的配樂。

射進黑暗世界的一道光

這首曲子的創作靈感來自哲學家尼采（Friedrich Wilhelm Nietzsche）

的著作《查拉圖斯特拉如是說》（Thus Spoke Zarathustra）。近年來，尼采的思想蔚為風潮，這本書也成了名著，但其實史特勞斯譜寫這首曲子時，幾乎沒什麼人知道這本書。這本書有四部，第一部出版於一八八三年，第二部與第三部則是出版於一八八四年，卻都乏人問津。最後的第四部出版時，也沒有得到任何評價，所以這本書只印刷了四十套，且都是尼采送給親朋好友。

當時二十幾歲的史特勞斯從這套書一出版時便拜讀；雖然不太清楚是什麼原因，不過史特勞斯起初就讀的是慕尼黑大學哲學系（只唸了一年便中輟，朝音樂之路發展），所以對尼采的著作頗感興趣。於是，他想以交響詩形式描寫自己對於這部著作的印象，遂於一八九六年三十二歲時，譜寫了交響詩《查拉圖斯特拉如是說》。

尼采的《查拉圖斯特拉如是說》是描述瑣羅亞斯德教（Zoroastrianism）的創始人查拉圖斯特拉（Zarathustra）於山中閉關十年後終於開悟，下山後發生的各種故事。尼采在這部著作裡論述「神之死」、「超人」、「永劫回歸」

等思想。

這首曲子開頭的知名旋律，就是描寫查拉圖斯特拉望見太陽從地平線升起，頓時開悟的場面。一開始是管風琴奏出最低音（要是沒有管風琴的話，以低音弦（大提琴＋低音提琴）代替），再來是小號奏出「Do—．Sol—．Do—」的樂音（自然動機）；緊接著和弦之後，定音鼓連續敲擊，重覆三次，最後交響樂全體合奏，以輝煌的信號曲調收尾。宛如一道光射進黑暗世界的光景，是一段讓聽者十分有畫面感的精彩音樂。

這首曲子由九個部分構成，無縫接軌地演奏，分別簡單說明如下。

「序奏」——又稱「日出」，如同前述，是令人印象非常深刻的音樂。

「隱世者」——開頭較為沉重，後半段充滿溫柔與慈愛的一段音樂。

「莫大的渴望」——雖然一開始是如夢似幻的音樂，但逐漸轉為低弦，煽動聽者內心的不安。

「歡愉與激情」——激烈又熱情的音樂開展著。

「墳墓之歌」——雖然旋律與前一首一樣，卻充滿晦暗與肅穆的氛圍。

「學問」——演奏以「自然動機」為基調，八度的十二個音全都囊括的主題。

「康復」——先以賦格（Fugue）展開，最後以「自然動機」帶出激昂旋律後，音樂戛然而止。

「舞曲」——最高潮部分約佔全曲的三分之一。以華爾滋節奏為基調，重現前面演奏的各種旋律，複雜交錯，是一段非常華麗的音樂，也是充分展現史特勞斯創作魅力的曲子，卻也蘊含著一股難以言喻、誘發鄉愁的哀愁感。

「流浪者的夜晚之歌」——告知午夜零點的鐘聲響起，靜謐樂聲逐漸趨近尾聲。以極為緩慢節奏重現「莫大的渴望」與「學問」中出現的旋律。最後以高音的B大調和弦（代表「人類」）與低音的Do（代表「自然」），象徵兩者相對，絕無交集地畫下句點。

長篇故事免不了有點散漫

聽起來這是一首缺乏整體感，乍聽之下讓人摸不著頭緒的曲子。除了開頭旋律之外，也缺少史特勞斯的獨特視覺要素。我想，以往這首曲子在史特勞斯所有交響詩中，應該是演奏次數最少的作品。好比以擅長詮釋史特勞斯的作品、頻繁演奏他的作品而聞名的指揮大師福特萬格勒，相較於他指揮了一八七次《狄爾愉快的惡作劇》（Till Eulenspiegels lustige Streiche）、一四二次《唐璜》（Don Juan）、八十八次《死與變容》（Tod und Verklärung），《查拉圖斯特拉如是說》只指揮過二十八次，此外，福特萬格勒也只指揮過十五次《英雄的生涯》（Ein Heldenleben）、《唐吉軻德》（Don Quixote）更是只有一次。《英雄的生涯》與《唐吉軻德》是我很喜愛的作品，大師沒有留下這兩首曲子的錄音，實在是一大遺憾。

另一位指揮大師卡拉揚倒是時常詮釋《查拉圖斯特拉如是說》、《英雄的生涯》與《唐吉軻德》這三部作品。（相反的，他很少指揮《唐璜》、《狄爾愉快的惡作劇》、《死與變容》）。福特萬格勒與卡拉揚是風格迥異的指揮家，對於史特勞斯的交響詩喜好也有明顯差別，這一點著實有趣。

不過福特萬格勒甚少指揮的《查拉圖斯特拉如是說》、《英雄的生涯》與《唐吉軻德》這三部作品有其共通點：恕我直言，長篇故事免不了會令人感覺有點散漫。《唐璜》、《狄爾愉快的惡作劇》、《死與變容》這三部作品是短篇小說，所以音樂可以聚焦於一個主題。《查拉圖斯特拉如是說》的內容明顯比《英雄的生涯》、《唐吉軻德》來得更散漫，或許這也是這幾部作品不常被演奏的原因之一；但如同前述，拜電影《二〇〇一：太空漫遊》之賜，此曲一躍成為頗受歡迎的曲子，搞不好是史特勞斯的交響詩作品中，演奏次數最多的一首。

雖說史特勞斯晚年才以歌劇作曲家聞名於世，其實他年輕時也寫過幾首交響詩名曲。有別於同時期的馬勒（Gustav Mahler），史特勞斯幾乎不太創作交響曲，僅有《阿爾卑斯交響曲》（An Alpine Symphony）、《家庭交響曲》（Symphonia Domestica）等，雖然名為交響曲，本質還是交響詩。

史特勞斯曾誇口他能在歌劇舞臺上表現一座獎盃，甚至能用樂音描寫「金盃與銀盃的差異」，他對自己的音樂相當有自信（當然有可能是半開玩笑之詞），所以他能細緻描寫瀕死病人逐漸走向死亡的模樣（《死與變容》），也能寫出描繪中世紀的玩世不恭之人——狄爾的脫序模樣（《狄爾愉快的惡作劇》），以及為了追求心目中的理想女性而徬徨不已的可憐男人（《唐璜》），並將賽凡提斯（Miguel de Cervantes Saavedra）筆下的主人翁（《唐吉軻德》）化成交響詩，不斷創作出展現自己作曲功力的曲子，甚至將尼采的哲學著作也以音樂來表現。就這層面來說，史特勞斯的確是一流的作曲家，只要聽到開頭那段著名的旋律，便能想像他的臉上浮現一抹驕傲的笑。

但我總覺得史特勞斯是位才華洋溢、卻背負著不幸的男人；正因為他什麼都能表現，反而沒有特別聚焦的東西，或許這是一大缺點吧！因此，他幾乎沒有什麼比較抽象的作品，像是交響樂、協奏曲、弦樂四重奏、鋼琴奏鳴曲等，多是創作有標題的交響詩、有歌詞的歌曲、有腳本的歌劇等作品。

卡拉揚曾想提告唱片公司

這首曲子在第二次世界大戰前幾乎沒什麼錄音版本，但戰後、尤其是電影《二〇〇一：太空漫遊》推出後，錄音版本一口氣增加不少。附帶一提，電影使用的是一九五九年，卡拉揚指揮維也納愛樂的錄音版本。當時，迪卡唱片公司（Decca Records）並未得到卡拉揚的授權，便擅自用於電影配樂，甚至未取得大師的應允，便收錄於電影原聲帶，也因此深深影響到卡拉揚的唱片銷量，據說大師曾想提告這家唱片公司。除了這段軼事，卡拉揚指揮這首曲子的錄音版本絕對是不容錯過的名演。大師之後也陸續錄製過幾個版本，每一場都令人擊節讚嘆。

萊納指揮芝加哥交響樂團的演奏亦是經典名演，演奏風格凜然，卻又充滿柔和、感性的韻味，即便是超過六十年的錄音，至今聽來還是如此完美。

其他像是祖賓・梅塔（Zubin Mehta）指揮洛杉磯愛樂（Los Angeles Philharmonic）、魯道夫・肯普（Rudolf Kempe）指揮德勒斯登國家管弦樂團、蕭提（Sir Georg Solti）指揮芝加哥交響樂團的演奏也是精彩萬分。

百田尚樹私房推薦錄音版本

指揮：魯道夫·肯普
德勒斯登國家管弦樂團
一九七一年錄音

第五曲

05

孟德爾頌 小提琴協奏曲

唯有小提琴才能表現的世界

MUZIK AIR 全曲收聽：

https://muzikair.page.link/HuVk

不遜於莫札特的神童

莫札特是音樂史上最著名的神童，要說能與他並駕齊驅的人，就是孟德爾頌（一八〇九～一八四七年）了。

他也是音樂史上最幸福的古典樂作曲家，出身富裕又有教養的家庭，父親是德國漢堡的銀行家，母親的娘家也是經營工廠的企業家。祖父摩西・孟德爾頌（Moses Mendelssohn）是影響康德（Immanuel Kant）的著名哲學家，孟德爾頌家的沙龍音樂會也是當時知名科學家、文學家、藝術家等頻繁造訪之處，孟德爾頌的父母也讓孩子們接受全才教育，沒有古典樂作曲家能在如此優渥的環境下長大。

十八世紀至十九世紀初，音樂家的社會地位極低，富裕家庭的子弟不會以成為職業演奏家、作曲家為目標。一介清貧樂手的莫札特的父親也讓孩子接受英才教育，但他讓兒子巡演歐洲各地，一方面也是為了賺錢。同樣也是出身清貧，身為宮廷樂手的貝多芬的父親則是對兒子施以嚴格的斯巴達式教育。稍早之前的巴赫（Johann Sebastian Bach）也是出身音樂世家，一生注定要朝音樂之路發展。

孟德爾頌的父母卻是將音樂教育視為一種教養，所以他從小便發揮音樂才華。文豪歌德（Johann Wolfgang Von Goethe）七十二歲時見到十二歲的孟德爾頌，驚嘆他是難得的神童，曾在信中說他的才華更勝莫札特。歌德十四歲時結識莫札特，當時莫札特年僅七歲。

孟德爾頌和莫札特一樣，也是擁有看過一次樂譜、聽過一次音樂就能完全記住的驚人記憶力。他從少年時代就是十分活躍的作曲家，十五歲時創作了第一首交響曲，十六歲時譜寫降E大調弦樂八重奏曲，時至今日仍是經常在演奏會上演奏的名曲。十七歲時，孟德爾頌創作《仲夏夜之夢》（A Midsummer Night's Dream）序曲這首傑作。這首曲子原本是孟德爾頌與姊姊芬妮（Fanny Mendelssohn）四手聯彈的鋼琴曲，後來編寫成管弦樂版，任誰聽了這首曲子都會感受到他的非凡才華吧！題外話，這首曲子還有個驚人的軼事：孟德爾頌搬家時，不小心弄丟了這首曲子的樂譜，只好憑記憶重寫；後來找到遺失的樂譜，僅有七處與重寫的樂譜不一樣。據說這七處並非寫錯，應該是孟德爾頌後來修改的部分。

由此足見孟德爾頌有著令人瞠目的才華。我以前常一個不小心將用電腦打的稿子刪光，只好抱著絕望心情、憑著記憶重寫，但完全寫不出一模一樣的文章。結果電腦修復後，比較一下原本的，根本是完全不一樣的兩份稿子。

孟德爾頌也是語言天才，他精通德語、拉丁語、義大利語、法語跟英語等多種語言，也擅長作詩與繪畫。他的水彩畫實力絕對勝過專業畫家（他的水彩畫作目前收藏於萊比錫（Leipzig）的孟德爾頌紀念館）。一個人竟然能如此才華洋溢，實在令人嘆服到無法嫉妒。

連鋼琴也難以匹敵的小提琴魅力

長大成人後的孟德爾頌依舊才華不墜，不斷催生出一首首傑作。孟德爾頌的曲子優美、開朗，有一股清爽感，雖說這是他的創作特色，但我個人認為也有美中不足的地方，那就是太過開朗了。

當然他也有譜寫小調、帶有悲傷氛圍的曲子、或是比較晦澀的曲子，但他的小調沒有莫札特那種帶有魔性的陰暗，也不似舒伯特（Franz Schubert）那般令人揪心的悽楚感，也沒有貝多芬那麼悲劇性爭鬥；恕我直言，就是為賦新詞強說愁。

當然，這只是我的主觀想像，孟德爾頌的音樂之所以嗅不到人性黑暗、污穢的一面，或許是因為他從未遭受過挫折。成長在富裕、上流家庭的他從小便展現天賦異稟，深受文豪歌德喜愛，年紀輕輕便成了音樂界的寵兒，直到去世前依舊屹立於歐洲樂壇。過於一帆風順的人生讓他的音樂感受不到任何深沉陰暗面；不過換個角度想，這就是孟德爾頌的音樂魅力吧！

而孟德爾頌最受歡迎的作品，可說是感傷旋律的極致代表——小提琴協奏曲。

古典音樂素來有「三大小提琴協奏曲」之稱的曲目，便是貝多芬、布拉姆斯與孟德爾頌的小提琴協奏曲（也有一說是加上柴科夫斯基（Pyotr Ilyich Tchaikovsky）的小提琴協奏曲，並稱為四大小提琴協奏曲）。

有趣的是，上述三人（四人）都是一輩子只寫過一首小提琴協奏曲（孟德爾頌有一首沒發表）。或許對於作曲家來說，小提琴協奏曲是無法輕易譜寫出來的領域。

仔細想想，小提琴協奏曲也不是那麼特殊的曲子，畢竟交響樂團中，小提琴演奏者的人數最多；即便是巴洛克時代的室內樂，也至少有兩、三位小提琴演奏者。十九世紀以後，交響樂團的第一小提琴和第二小提琴，加起來超過十人也是稀鬆平常之事；大規模的曲子更是有超過二十位小提琴演奏者的編制。小提琴協奏曲是由一把獨奏的小提琴，和一大群小提琴演奏者的管弦樂團競演，而且獨奏的小提琴要能與眾多小提琴的音色與旋律融合，不能過於突出。樂壇有不少擅於創作鋼琴曲的作曲家，但通曉小提琴獨特技巧與演奏法的作曲家並不多，或許這就是為何出色的小提琴協奏曲比較少的原因。

話題再回到三大小提琴協奏曲。貝多芬與布拉姆斯的曲子是不遜於交響曲、曲風較為厚重的作品，雖然兩首都是樂壇公認的曠世鉅作，也有人認為就算不譜寫成小提琴協奏曲也行。然而，我認為孟德爾頌的這首小提琴協奏曲非得這樣表現才行，因為這是一首要是沒有小提琴這項樂器的特色與獨特音色，便無法完美呈現的作品。

因為小提琴是用一把琴弓拉出樂音的樂器，所以基本上只有一種旋律線，很難像鋼琴那樣可以自由地使用和弦，也發不出太大聲的樂音；亦即和樂團競演時，它是屬於比較弱勢的樂器；但小提琴也有鋼琴沒有的武器，那就是連弓（Legato）。鋼琴是琴槌敲擊琴弦而發出聲音的樂器，所以是打擊樂器；換句話說，很難柔美地、不間斷地連續奏出樂音，小提琴就能克服這一點，不但能無縫接軌地連續奏出樂音，還能表現出樂音與樂音之間，鋼琴無法呈現的音色。

此外，小提琴的樂音擁有能直接傾訴人心情感的魅力。鋼琴的聲音不會因為彈奏者的不同而有所改變，小提琴就不一樣了，依演奏者的演奏方式可以催生出千變萬化的音色，個人認為小提琴是比較接近人聲的樂器。孟德爾頌的這首E小調小提琴協奏曲，絕對是一首充分展現小提琴特色的珠玉傑作。

至高無上的幸福感

第一樂章開頭就是小提琴獨奏，流洩著哀愁至極的旋律，引領聽者瞬間進入不可思議的世界。接著，音樂進入唯有小提琴才能展現、充滿陰鬱魅力的世界。小提琴仿若渾身散發魅力的女性，時而溫柔婉約、時而熱情洋溢，還不時展現性感誘人的一面，傾訴著滿滿的情感，讓人不禁想高喊：「沒錯！這就是小提琴協奏曲啊！」

發展部結束後，緊接著是孟德爾頌展現無比巧思的裝飾奏。原本這段裝飾奏是演奏者獨奏的即興樂段，可說是協奏曲的精華部分，但孟德爾頌似乎不允許獨奏家自由發揮似的，完整寫出樂譜，也許是擔心獨奏家的隨興演奏會破壞曲子的整體性（同樣的情形也出現在貝多芬的第五號鋼琴協奏曲《皇帝》（Emperor））。

第二樂章是大調的徐緩樂章，小提琴奏出讓人有著滿滿幸福感的旋律。雖然中間樂段有著引發聽者不安情緒的部分，最後還是以滿溢的幸福感畫下句點。

第三樂章開頭又回歸小調，流洩著如同第一樂章的悲涼旋律，接著是銅管樂像要抹消這股哀愁氛圍似地吹出轟鳴的信號曲調，音樂也為之幡然一變。小提琴不再悲愴低吟，而是全力奏出歡愉歌聲。這段有如舞蹈般的開朗旋律只有孟德爾頌才譜寫得出來，充滿炫目光彩的樂聲，攀升至絕頂幸福時完美落幕。

雖然他是一位被音樂之神繆斯寵愛的作曲家，卻年僅三十八歲便英才早逝。身歿後，世人對他的評價並不高，認為他是一位作風保守的音樂家，因為歐洲樂壇一向推崇勇於挑戰新事物的音樂家，我認為這是一項不太好的傳統。時至今日，孟德爾頌的音樂再度受到世人高度肯定。

名盤多到如山高

這首曲子超級受歡迎，古今知名的小提琴家都錄製過這首小提琴協奏曲。想當然爾，名盤可說多到如山高。

以我想到的為例，像是大衛・歐伊斯特拉夫（David Oistrakh）、艾薩克・史坦（Isaac Stern）、內森・米爾斯坦（Nathan Milstein）、雅沙・海飛茲（Jascha Heifetz）、伊札克・帕爾曼（Itzhak Perlman）、安－蘇菲・慕特（Anne-Sophie Mutter）、宓多里（五嶋みどり）等，實在是多到數不清。不僅是上述這幾位小提琴演奏名家，我敢斷言還有許多任誰聽了都會覺得很滿足的小提琴名家演奏的錄音版本。只能說，硬是要從中挑選幾張，還真是強人所難。

百田尚樹私房推薦錄音版本

小提琴：凡格羅夫（Maxim Vengerov）
指揮：庫特・馬舒（Kurt Masur）
萊比錫布商大廈管弦樂團（Leipzig Gewandhaus Orchestra）
一九九三年錄音

第六曲

德弗札克《來自新世界》

06

蘊含各種情感，令人騷然不安的曲子

MUZIK AIR 全曲收聽：

https://muzikair.page.link/oxv4

放學鐘聲的旋律

安東尼・德弗札克（Antonín Dvořák，一八四一～一九〇四年）的《來自新世界》（From the New World），在日本堪稱最有名的交響曲之一。第二樂章那段飄散哀愁感的優美旋律，就是日本歌曲《回家路》（家路）、《遠山落日》（遠き山に日は落ちて）的原曲。以往這段旋律也是很多小學的放學鐘聲，相信不少人現在聽到這段旋律，還是會憶起小時候的放學時光吧！

老實說，身為古典樂迷，實在不希望經典名曲被這樣濫用，將本來不是因為這目的而創作的曲子，在某種特定情況下反覆讓孩子們聽，這種洗腦方式無疑是一種褻瀆藝術的行為。

不過，我又想推翻這般偏見。放學時間播放這首曲子也是挺有品味，因為聆賞這首曲子時，會莫名勾起思鄉情懷，或許這是選這曲子作為放學鐘聲的理由吧。畢竟這是身處美國的德弗札克懷念遙遠祖國而譜寫的曲子，當時，歐洲人稱美國為「新世界」。也就是說，《來自新世界》這首曲子的曲名就是德弗札克的心境寫照。

德弗札克出身於捷克的波希米亞地區，不少作曲大師都是出身音樂世家，他父親卻是肉鋪兼經營小酒館的老闆，對當時的捷克人來說，這樣的他能成為作曲大師並非稀奇事。以往捷克素有「歐洲的音樂學校」美稱，培育出不少富有音樂才華與品味的人才。在維也納不怎麼受歡迎的莫札特歌劇《費加洛婚禮》和《唐．喬凡尼》，在布拉格卻深受喜愛；由此可見，布拉格的聽眾水準比維也納來得高。順道一提，同樣出身捷克的作曲家，以創作交響詩《莫爾道河》（Die Moldau）聞名的史麥塔納（Bed ich Smetana），他的父親也不是音樂家，而是精釀啤酒師。

靈感來自黑人靈魂歌曲

德弗札克的音樂特色就是優美旋律，不斷出現令人陶醉的美妙旋律。第一位讚美他有才華的布拉姆斯說過一句名言：

「就算是收集德弗札克丟在垃圾桶裡的紙屑，也能讓我做一首交響曲吧！」這句話的真正意思是「即便是單純的旋律也能譜出名曲」，聽得出來布拉姆斯對自己的才華十分有自信。

德弗札克在捷克、德國、法國備受肯定，成了蜚聲國際的作曲家。五十一歲那年，他受邀擔任開設於紐約的美國國家音樂學院（National Conservatory of Music of America）的院長。當時他才剛任教布拉格音樂學院（Prague Conservatory），對於要離開故鄉長達兩年一事十分猶豫，但他最後還是接受美國國家音樂學院的創辦人珍妮特・瑟伯（Jeanette Thurber）的熱情邀約，而且年薪是布拉格音樂學院的二十五倍。

當時美國正值經濟蓬勃發展時期，紐約的摩天大樓如雨後春筍般興起，這是在歐洲看不到的壯觀光景，據說德弗札克有大開眼界之感。

還有另一個令德弗札克深為感動的，是美國民謠與黑人靈魂歌曲（Spiritual）。瑟伯夫人是位作風開明的新時代女性，紐約國家音樂學院也招收黑人學生。德弗札克向他們學習黑人靈歌，也是第一位對於在當時的美國根本毫無價值可言的黑人靈魂歌曲給予高度評價的音樂家；另一說，他之所以被黑人靈魂歌曲深深吸引，是因為曲風與他的故鄉波希米亞民謠十分相似。

德弗札克接受來自城市風光與當地音樂的各種刺激，作為他創作新交響曲的養分，從而催生出這首第九號交響曲《來自新世界》。

這首交響曲被認為綴入了很多黑人靈魂歌曲與美國風民謠的旋律。因此，歐洲樂評家批評《來自新世界》是一首使用黑人靈魂樂與美國風民謠寫成的曲子，德弗札克倒是對於這樣的批判不置可否，還反駁道：「我只是寫了一首描寫這些國民旋律精神的音樂。」事實上，這首曲子並未剽竊任何旋律，只是加入黑人靈魂歌曲與民謠的獨特氛圍，譜寫出絕對原創的旋律。

「鮮血般的紅色夕陽」

雖然《來自新世界》成為耳熟能詳的經典名曲，我個人倒是不以為然，因為總覺得這首曲子充滿令人騷然不安的謎。以下讓我簡單說明自己對於這首曲子的感受。

第一樂章是從悲傷的弦樂序奏開始，隨即樂團又奏出激烈、狂暴的聲響，這是一段讓人聯想到貝多芬的音樂性、充滿抗爭風格的音樂，讓我深刻感受到德弗札克的憤怒。當然這只是我的想像，或許德弗札克對於美國文明社會有所不滿吧！也或許是抒發無法回鄉的抑鬱心情。總之，第一樂章有著德弗札克其他曲子感受不到的激烈情緒。不過，並沒有樂評家有這種評論，所以也許只是我個人的特殊感受。

第二樂章開頭是非常有名的曲子。英國管（English horn）吹奏出哀愁的旋律，勾起聽者的悲傷感懷，沉鬱氛圍支配著整首曲子後，幡然一變為大調，讓人一窺懷想故鄉波希米亞熱鬧節慶的愉快音樂，抹消悲傷的旋律。

這樂章還有個不可思議之處，那就是樂章將近尾聲時，那段知名旋律演奏到一半時會瞬間斷掉，彷彿瞧見有個走得筋疲力竭的人突然腳一軟、癱倒在地的模樣；而且這種感覺還反覆了三回。聆賞這一段時，總讓我騷然不安，音樂卻像沒事似的繼續流洩；光是這一點，就讓人覺得毛骨悚然。

第三樂章是詼諧曲。起初是開朗愉悅的舞曲風格，旋即變成充滿抗爭性的音樂。定音鼓的轟鳴魄力十足，中樂段感覺沉穩，樂章整體風格非常激昂。不知為何，演奏到一半時，又迸出第一樂章的旋律，最後以劇力萬鈞的音樂收尾。而且，只有這個樂章用到三角鐵。

第四樂章是從令人膽寒的序奏開始，猶如恐怖電影的片頭配樂，彷彿有什麼怪物即將襲來的旋律，緊接著是擊退怪物似的英勇壯闊旋律。這個樂章會不斷出現前面用過的主題，順道一提，鈸在前半段只出現過一次，其實整首曲子只有這一處用到鈸這樂器，而且還是以弱音呈現，所以除非聽CD時仔細聆賞，不然不會注意到；為什麼只在這部分用到鈸呢？著實令人費解。第三樂章出現的三角鐵亦然，足見這首交響曲有許多匪夷所思之處。

終樂章也是激昂無比的音樂。雖然德弗札克譜寫了他慣用的優美旋律，放入喜怒哀樂等各種情感，卻讓我有種不得要領的感覺，只覺得一股野蠻氛圍支配著這樂章。

雖然是以華麗壯闊的樂聲劃下句點，但不知為何，樂聲最後卻像消失似地結束，同樣給人匪夷所思的感覺。指揮大師史托科夫斯基（Leopold Stokowski）將終樂章比喻為「新大陸上，有著鮮血般的紅色夕陽」，之所以用「鮮血般」這詞來形容，或許是因為他也感受到這首曲子有著莫名的騷然不安感吧！

德仁天皇的好品味

前面寫了不少恐怕會招來《來自新世界》粉絲不滿的看法，但都是我個人對於這首曲子的印象與感受。我很喜歡德弗札克的作品，也認為《來自新世界》是他的創作中最特別的一首。對我而言，也是一首從小聽到大、充滿謎團的曲子。

德弗札克旅居美國期間，譜寫了不少名曲，像是B小調大提琴協奏曲、第十二號弦樂四重奏等，均為他的代表作，前者更是古今大提琴協奏曲的經典之作，非常受歡迎。第十二號弦樂四重奏又名《美國》（American），也是他創作的弦樂四重奏中，知名度最高的一首，這兩首都嗅不到半點《來自新世界》這般詭譎感。

題外話，三十多年前偶然在電視上看到現在的德仁天皇（當時還不是皇太子）參觀美國史密森尼博物館（Smithsonian American Art Museum）（也有可能搞錯了）的新聞。德仁天皇的目光停留在館內展示的一把古董級中提琴，負責導覽的館方人員說：「您可以拿起來演奏看看。」（德仁天皇學生時代曾學過中提琴）。只見拿起中提琴的德仁天皇奏起德弗札克的《美國》主題，那時的我覺得德仁天皇的品味真好，深深佩服他。

《來自新世界》的名盤也是多如寶庫。卡拉揚指揮柏林愛樂的演奏堪稱完美，交響樂團的表現充滿魄力、綺麗無比。

喬治・塞爾指揮克里夫蘭管弦樂團的演奏也很精彩，氣勢十足的收尾震懾人心。安賽爾（Karel Ančerl）與紐曼（Václav Neumann）這兩位同為捷克出身的指揮大師，兩人指揮捷克愛樂管弦樂團（Czech Philharmonic）的演奏亦不容錯過。基本上，我是那種聽出身同一個國家的人演奏，實在聽不出兩者有何差異的人。

特別想一提弗力克賽（Ferenc Fricsay）指揮柏林愛樂的演奏，絕對是一場將這首曲子詭譎、野蠻特色精彩呈現的特殊聽覺饗宴。

百田尚樹私房推薦錄音版本

指揮：沃爾夫岡・沙瓦利許（Wolfgang Sawallisch）
費城管弦樂團
一九八八年錄音

第七曲

小約翰．史特勞斯

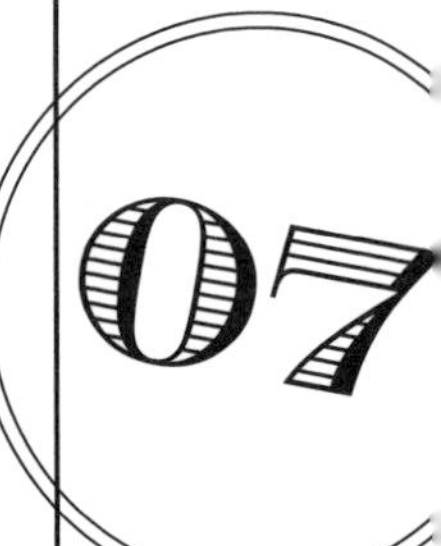

《藍色多瑙河》

為反抗父親而作，小約翰．史特勞斯的代表作

MUZIK AIR 全曲收聽：

https://muzikair.page.link/a5Mn

父子之間的「華爾滋戰爭」

十九世紀維也納最受歡迎的音樂類型不是交響曲，也不是鋼琴奏鳴曲，而是華爾滋。無論是王宮貴族的豪宅，還是街上的餐廳，無一不是流洩著華爾滋。時至今日，每年一月一日在維也納金色大廳（Großer Musikvereinssaal）舉行的「新年音樂會」（Vienna New Year’s Concert），演奏的多是十九世紀譜寫的「維也納華爾滋」，演奏約瑟夫・蘭納（Joseph Lanner）、雷哈爾（Franz Lehár）、老約翰・史特勞斯（Johann Strauss I），還有他的兒子小約翰・史特勞斯（Johann Strauss II）等，活躍於維也納，譜寫多首華爾滋的作曲家們的曲子，其中演奏最多的就是小約翰・史特勞斯（一八二五～一八九九年）的華爾滋。

身為作曲家、指揮家的小約翰・史特勞斯（以下稱為史特勞斯）幾乎都是譜寫華爾滋、波卡舞曲（也有創作輕歌劇，但不像其他作曲家會譜寫交響曲、協奏曲）。他創作的華爾滋、波卡舞曲一共將近三百首（華爾滋一七〇首），堪稱「華爾滋之王」。他那豔麗、浪漫的華爾滋不僅風行奧地利，也風靡歐洲各地，可說大受歡迎，甚至有「維也納的另一位皇帝」之稱。

小約翰．史特勞斯的父親老約翰．史特勞斯，也是以華爾滋風靡一世的作曲家。或許有些讀者誤以為他是因為兒子的傲人成就、連帶受到世人矚目，其實不然。

老約翰．史特勞斯是個非常嚴厲的人，他在自己率領的樂團裡稱帝，只要團員稍微不服從他的指示，就會毫不留情地開除對方；他對待家人也是如此，經常對妻兒家暴。小約翰．史特勞斯雖然想成為像父親一樣的音樂家，父親卻認為「當音樂家不是一份安穩的工作」，所以不許兒子學習樂器。縱使如此，當時學習鋼琴是一般家庭最基本的教養，小約翰．史特勞斯自然成了琴藝精湛的少年，時常教自家附近的孩子彈琴，還存錢買了一把小提琴。無奈某天，老約翰．史特勞斯撞見兒子拉小提琴，盛怒之下將他的小提琴砸壞。

後來，老約翰．史特勞斯索性窩在年輕情婦那邊，不回家。母親買了一把小提琴給小約翰．史特勞斯，鼓勵他走上音樂這條路。據說他母親之所以這麼做，是存著報復心態，要栽培兒子成為比他父親更優秀的音樂家。

小約翰．史特勞斯跟著父親的樂團團員學習小提琴，老約翰．史特勞斯得知此事，立即開除這名團員，卻無法澆熄兒子對於音樂的熱情，學習真正的樂曲創作。

一八四四年，小約翰．史特勞斯十九歲時開了一場出道音樂會。前一年，作曲家約瑟夫．蘭納去世，老約翰．史特勞斯成為舞曲創作的第一把交椅。當他知道兒子儼然成為他的頭號對手時，不斷要脅維也納的知名餐廳，不准演奏兒子譜寫的曲子，也命令團員不准幫忙兒子籌辦演奏會，甚至要求記者寫些中傷兒子的報導。他之所以做到這種地步，無非是畏懼兒子要脅其地位吧！因為他曾目睹小約翰．史特勞斯小時候與弟弟四手聯彈的模樣，驚嘆他的才華。

小約翰．史特勞斯不懼父親的壓逼脅迫，打算在餐廳駐演；但當時維也納的法律規定，必須年滿二十歲才能以職業音樂家身分工作。於是，他跑去區公所，淚流滿面地控訴：「我父親拋家棄子，迫使我們過得十分清苦，所以我必須照顧母親和弟弟。」想必那時他發揮了十足的演技。這段美談在維也納傳開，更加提昇他的名聲。

那年十月，他和一群年輕演奏家在美泉宮（Schönbrunn Palace）附近的餐廳舉行音樂會。小約翰・史特勞斯一邊拉小提琴，一邊指揮，完全複製他父親的演奏模式。

這場音樂會十分成功，許多聽眾都臣服於這位兼具作曲與指揮才華的十九歲天才的驚人魅力。某位樂評家甚至寫了這樣的報導標題：

「請好好休息，蘭納。午安，老約翰・史特勞斯。早安，小約翰・史特勞斯。」

這一年，他母親主動提議離婚，正式了斷夫妻緣。

父子的「華爾滋戰爭」於焉開始。不久，老約翰・史特勞斯認同兒子的驚世才華，父子倆化干戈為玉帛。一八四九年，父親去世，小約翰・史特勞斯獨掌天下，工作邀約不斷，為舞會與餐廳創作、指揮曲子，一個晚上甚至多達五場音樂會。他接收父親的樂團，曾經一次帶領超過五個樂團；各種協會與團體舉辦舞會時，一定會請他幫忙譜寫新曲。演奏會以外的時間，他也是不停創作，就連坐馬車時也在寫曲。

生活如此忙碌的他終於病倒，一度命危。母親見他的情況不太妙，遂叫他的弟弟們代為指揮，結果兩個弟弟也成了有名的作曲家。

絕對不是「輕音樂」

小約翰．史特勞斯的華爾滋有「充分展現傳統美好維也納」的美稱，有著典雅的魅力。我沒去過維也納，更不知傳統的維也納為何，但不由得想說他的音樂有著上乘幽默，充滿優雅氣韻。當時的人們在舞會上會隨著他創作的音樂翩翩起舞，讓我聯想到戀愛情境的背景音樂。

時至今日，小約翰．史特勞斯的音樂有別於輕歌劇，華爾滋、波卡舞曲都是幾分鐘或十幾分鐘左右的短曲，所以被自認高尚的古典樂迷視為「輕音樂」，我倒不以為然。的確，他從沒譜寫交響曲、協奏曲之類的大曲，也未跨足鋼琴奏鳴曲、弦樂四重奏等領域；但他也會譜寫悲傷的曲子，有情感十足的浪漫曲風，也有激情洋溢的曲風，都是富含深意的曲子。此外，他為舞會創作的曲子不僅貼切實用，也富有藝術、哲學底蘊。

與小約翰．史特勞斯活躍於同時期，在當時被稱為貝多芬傳承者的布拉姆斯曾這麼形容小約翰．史特勞斯的音樂：

「史特勞斯的音樂流淌著維也納的血，也直接承繼了貝多芬、舒伯特的風格。」

華格納、馬勒和柴科夫斯基對於他的音樂都給予極高評價。

奧地利的第二國歌

小約翰．史特勞斯的華爾滋名曲不勝枚舉，實在難以一一細數，只能略略介紹一下他的代表作《藍色多瑙河》（The Blue Danube）。雖然是一首演奏時間約十分鐘的小品，卻堪稱是採華爾滋形式、內容豐富的「交響詩」。然而，因為曲風比較不像傳統華爾滋舞曲，所以創作當時不太受世人青睞；但之後許多人為此曲著迷，儼然成為「奧地利的第二國歌」。小約翰·史特勞斯那稍微拖拍的獨特三拍子旋律，醞釀出這首令人沉醉的經典名曲。

每年的維也納新年音樂會，這首曲子和《拉黛斯基進行曲》（Radetzky March）會是最後壓軸。每當奏起《藍色多瑙河》的開頭旋律時，觀眾就會興奮鼓掌，這時指揮會突然中斷演奏，向觀眾道聲新年快樂，也意味著一種愉快的「約定」。

順道一提，這首曲子與《皇帝圓舞曲》（Kaiser-Walzer）、《維也納之森》（Geschichten aus dem Wienerwald）並稱「三大華爾滋」。加上《晨報》（Morgenblatter）、《藝術家的生涯》（Künstlerleben）、《葡萄酒、愛人與歌》（Wein, Weib und Gesang）、《一千零一夜》（Tausend und eine

Nacht）、《維也納氣質》（Wiener Blut）、《春之聲》（Frühlingsstimmen）、《南國玫瑰》（Rosen aus dem Süden）等，有「十大華爾滋」美稱；每一首都是非常經典的名曲，其中我最喜愛《皇帝圓舞曲》與《葡萄酒、愛人與歌》。

主角不是指揮，而是維也納愛樂

小約翰・史特勞斯的華爾滋一直以來都是維也納愛樂的拿手絕活。創立維也納新年音樂會的指揮家克萊門斯（Clemens Krauss）的ＣＤ，以及同為維也納愛樂總監、指揮該團二十五年的威利・博司科夫斯基（Willi Boskovsky）的ＣＤ都是不容錯過的名演。

近年來，維也納愛樂的許多現場錄音版本均ＣＤ化，讓聽者可以盡情享受各種名演。不過有趣的是，新年音樂會的主角不是指揮，而是維也納愛樂。我想搞不好許多指揮家唯獨這一天，是依從樂團團員之意而指揮吧。

最後還要講述一段有趣的插曲。二十世紀最偉大的指揮家福特萬格勒雖然擅長指揮貝多芬、布拉姆斯和華格納等大師們的意境深遠鉅作，但不知為何，他卻對於指揮小約翰·史特勞斯的優美華爾滋旋律甚感棘手。不過，在某次維也納愛樂的音樂會上，他卻完美地指揮了華爾滋；當樂團團員盛讚：「您今天指揮得真好！」，福特萬格勒卻苦笑地說：「我只是配合你們的演奏，揮舞指揮棒而已。」

百田尚樹私房推薦錄音版本

指揮：威利·博司科夫斯基

維也納約翰史特勞斯管弦樂團（Wiener Johann Strauss Orchester）

（華爾滋名曲集）

一九八二年錄音

間奏曲

漫談馬勒

〈間奏曲〉 漫談馬勒

我到目前為止連載的古典音樂散文，加上這次介紹的二十五曲，（其實是三十六曲），共計七十五曲（其實是九十四曲），回顧這份曲目單，發現自己的偏好還真明顯。

例如，古典樂壇巨擘貝多芬的作品有十四首，莫札特的作品有十首；比較小品的作品，像是理查·史特勞斯的曲子有五首，但是與史特勞斯活躍於同時代的馬勒卻連一首也沒介紹。

當然還有作曲家沒有放進我的口袋名單，像是浪漫派的代表作曲家舒曼、義大利歌劇大師威爾第（Giuseppe Verdi）、「新維也納樂派」的荀貝格（Arnold Schoenberg）、貝爾格（Alban Berg）、魏本（Anton Webern），以及二十世紀的古典樂大師巴爾托克（Béla Bartók）、普羅高菲夫（Sergei Prokofiev）等。老實說，純粹只是挑些我想寫的曲子，畢竟我不是樂評家，只是一位古典音樂愛好者，所以無法像名曲介紹那麼的森羅萬象。

我絕對不是討厭前述那些作曲家的作品，像是舒曼的幾首鋼琴曲（幻想曲、交響練習曲、幻想小曲集等）是我很愛的曲子，普羅高菲夫的《古典交響曲》（Classical Symphony）、鋼琴奏鳴曲、芭蕾舞曲《羅蜜歐與茱莉葉》（Romeo and Juliet）、巴爾托克的《小宇宙》（Mikrokosmos）、《寫給弦樂、打擊樂、鋼片琴的音樂》（Music for Strings, Percussion and Celesta）都是我鍾情的作品。我也曾觀賞過好幾次威爾第的歌劇，像是《茶花女》（La traviata）、《法斯塔夫》（Falstaff）、《奧泰羅》（Otello）等，這幾位作曲家的作品都是曲目單的遺珠。

在此，我想稍微拿出點勇氣表明，我不太喜歡馬勒的交響曲（歌曲除外）。馬勒的交響曲深受日本古典樂迷喜愛，也有很多馬勒迷；但老實說，除了他的第二號交響曲《復活》（Resurrection），我覺得其他幾首都頗無趣。我這麼寫，肯定會被世界各地的馬勒迷唾棄，或是在書店看到這篇專欄文章的人會立刻將書放回架上也說不定，但我只是道出真心話而已。

我當然聽過馬勒的所有交響曲，也去音樂會聽過好幾次，更是擁有好幾套馬勒的交響曲全集CD，閱讀過好幾本關於馬勒的書，甚至讀過他妻子阿爾瑪（Alma Mahler）的自傳。他的人生十分坎坷，在興起反猶太主義風潮的十九世紀末維也納，身為猶太人的馬勒擔任宮廷歌劇院（Wiener Hofoper，現在的維也納國立歌劇院（Vienna State Opera））音樂總監，不斷與上級抗爭、周旋，不啻是位有膽識之人，當然也留下不少歷史事蹟，證明他的歌劇指揮才華亦備受肯定。是他讓莫札特的歌劇再次風靡世人，也是他在指揮貝多芬的歌劇《費黛里奧》（Fidelio）第二幕的最高潮之前，演奏〈蕾歐諾拉序曲第三號〉（Leonore Overture No.3）（因為演出效果十分驚人，所以時至今日也是採這種方式）。還有，他讓一向分很多段演奏的華格納樂劇，採不間斷、一氣呵成的演奏方式贏得滿堂彩。

馬勒有十四位兄弟，一半都是年幼夭折，還有罹患精神疾病的近親，迫使他時常活在死亡的陰影與瘋狂恐懼中；加上前述反猶太主義者的打壓，晚年更是深為妻子外遇一事所苦，所以他曾接受佛洛伊德（Sigmund Freud）的精神分析。過著如此人生的馬勒創作的音樂自然不可能輕鬆，藉由交響曲表現人生的種種苦惱。

但這純屬個人感想，我總覺得馬勒的曲子結構不夠完整，也就是缺乏整體感，聽起來反而有種以另類美感拾綴而成的曲子。用比較粗鄙的比喻就是一張在帆布上，用了水墨畫、油畫、水彩畫等各種技法繪製而成的畫；雖然也有幾段優美的音樂，整體聽起來卻極為不協調。

也許馬勒迷會覺得「這就是馬勒的魅力啊！」，我也不反對。但只能說，馬勒不是我的菜，還請馬勒迷們見諒。

〈間奏曲〉 漫談馬勒

第八曲

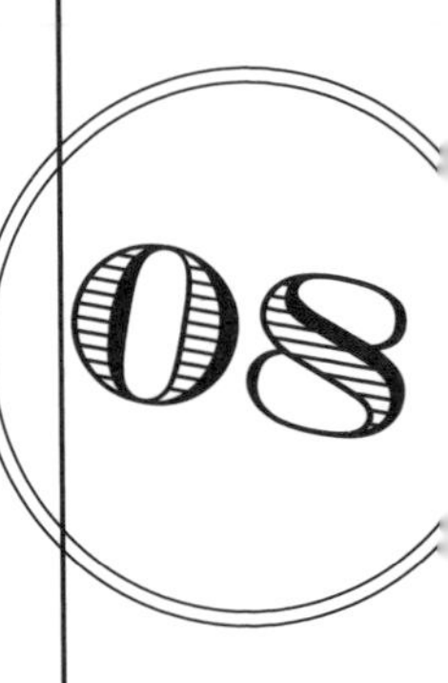

巴赫
無伴奏大提琴組曲

只用一把大提琴，描繪廣闊世界

MUZIK AIR 全曲收聽：

https://muzikair.page.link/rph9

巴赫的親筆樂譜vs.妻子抄寫的樂譜

我大多是在深夜工作，而且工作時總是播放古典樂。因為房間有隔音設施，所以常播放音量比較大的曲子；但每當做到有些疲憊時，就不會想聽些編制龐大的交響樂或管弦樂，而是挑選能夠舒緩情緒、靜謐的室內樂，尤其鍾愛巴赫（一六八五～一七五〇年）的無伴奏大提琴組曲。

如同這首曲子的題名，這是只用一把大提琴演奏的曲子。一如各位所知，大提琴是發出低音的弦樂器，音色不像小提琴那麼華麗，甚至有種沉鬱感。但只有基本的旋律線創造的和弦有限，難以達成雙手彈奏的鋼琴能描繪出的那種複音音樂（Polyphony，多聲部音樂）的世界。然而，巴赫運用獨特技巧，實現了這樣的可能性，成功讓人感受到宇宙般廣闊無垠的世界，著實令人驚豔。只用一把大提琴，就能表現出足以與交響樂匹敵的廣大世界。

巴赫並未留下無伴奏大提琴組曲的親筆樂譜，幸好留下了巴赫的第二任妻子安娜·瑪格達萊娜（Anna Magdalena Bach）抄寫的樂譜。從留下大量她的親筆樂譜一事看來，便知道她是丈夫的得力助手。因為她的字跡、譜寫音符方式和巴赫非常相像，所以有很長一段時間，世人認為無伴奏大提琴組曲的樂譜是巴赫親筆所為。

雖然不太清楚安娜的生平，只知道她生了十三個孩子、還幫巴赫譜寫許多樂譜一事看來，被另一半深愛的她也是丈夫的工作好夥伴。

巴赫還為妻子寫了「鋼琴曲集」，今日稱為《安娜．瑪格達萊娜．巴赫的鋼琴曲集》（Notebook for Anna Magdalena Bach），收錄了《郭德堡變奏曲》（Goldberg Variations）的詠嘆調，以及著名的G大調小步舞曲（《戀人協奏曲》（A Lover's Concerto）的原曲）等。

她的著作《巴赫的回憶》（バッハの思い出，原書名《安娜．瑪格達萊娜．巴赫的日記》，The Little Chronicle of Magdalena Bach）也是我很喜歡的一本書。其實這本書是名叫艾斯達．梅奈爾（Esther Meynell）的人寫的小說，不知為何在日本出版時，作者卻成了安娜．瑪格達萊娜，所以曾一度被視為是冒名之作，有點可惜（現在日本出版社還是以作者為安娜・瑪格達萊娜・巴赫之名出版）。

我二十幾歲時初次閱讀這本小說時，以為是她寫的，著實深受感動。後來知道真相，再次翻閱時，依然覺得是部很棒的作品，讓人深深體會原來安娜・瑪格達萊娜是這麼看待這段婚姻，過著這樣的人生啊！書中敘述了不少符合史實的巴赫生平，可以藉由這本書了解一代音樂巨擘的人生。至於樂曲創作部分，也有述及安娜・瑪格達萊娜的心情。

之所以說安娜理解丈夫偉大之處的理由

這本小說有好幾處令人動容的段落，我尤其喜歡其中描寫巴赫的弟子，名叫帕羅的義大利少年的一段軼事。

某天，帕羅看到安娜正在縫補衣物，於是他對安娜說：

「夫人，您成天坐在這裡做針線活，難怪不曉得老師做出連天使的合唱團也比不上的音樂（中略），這樣還能說您瞭解他嗎？不過這種事也不是女人能理解就是了。所以您還是幫老師縫補衣物、料理三餐就是最大的幫助了。」（山下肇／翻譯）

只見安娜有點生氣地說：

「我深愛我先生！而且應該比你所想的更了解他。」（同）

於是，少年向安娜道歉，一副快要哭出來似的說：

「我聽到老師譜寫的音樂，就此深深著迷，無可救藥地愛上老師的創作。」（同）

每次讀到這段軼事，就覺得內心無限感懷。從這段話就能看出這本小說是梅奈爾的創作，因為這裡描述了任誰聽到巴赫的音樂都會有的感受。一手催生出無數流芳百世名曲的稀世天才和世間許多男人一樣，都有個賢內助，而且從瑣碎的日常生活中，更能一窺夫妻之間的互動，這種感覺十分不可思議。我想對帕羅來說，實在不敢相信面前這位正在做針線活的女子（安娜），竟然是偉大男人的妻子。

當然，這是後人的看法。青史留名的稀世天才之妻，是否真的了解自己的另一半有多麼偉大，不得而知。或許是梅奈爾將自己的想法藉由帕羅這位少年表現出來的一段插曲吧！

不過我認為安娜十分清楚丈夫有多麼偉大，所以二十歲的她願意嫁給比自己年長十六歲、還有四個小孩的男人；而且如同前述，安娜還為巴赫生了十三個孩子（有七個不幸早夭），一邊養育六個孩子，一邊努力幫丈夫抄寫樂譜。

那年代的主婦要做的家事，可是擁有各種家電代勞的現代人無法想像的，就連衣物也多是由妻子親手縫製。在那樣辛勤的日常生活中，她還要幫丈夫抄寫樂譜，除了明瞭丈夫的樂譜多麼有價值之外，想不出第二個理由。要是沒有她當年所做的一切，我們可能無法聽到巴赫的許多創作。

關於無伴奏大提琴組曲的樂譜，還有一個是由巴赫的弟子凱爾納（Johann Peter Kellner）抄寫的版本，而且這兩份樂譜有幾處不一樣的地方。依據現今的研究，凱爾納的版本是屬於初期之作，安娜的版本則是後期巴赫重寫的樂譜。光就這一點，就足以說明她抄寫的版本更有價值。

不過，寫譜難免有疏失，這是無可避免的事。就連貝多芬和莫札特的親筆樂譜也會有錯漏，我的原稿更是錯字、漏字百出。文章的話，任誰都能一眼就看出有錯字，但樂譜就很難判斷音符是否有誤，因為就算聽起來不太對勁，也會覺得或許是作曲家刻意所為。因此直至現今，依然有許多音樂學家持續不輟地校閱、研究古典樂作曲家的樂譜。

關於安娜抄寫樂譜一事，也招致批評；雖然她是歌手，也會彈奏大鍵琴，但因為她對弦樂器一無所知，所以有人認為無視她寫的圓滑線記號也沒關係。國際頂尖大提琴演奏家畢爾斯瑪（Anner Bylsma）卻對此批評不以為然，他認為安娜應該是竭盡所能地正確抄寫了丈夫的樂譜。

可以花上一輩子演奏的曲子

今日這首曲子被稱為「大提琴的舊約聖經」，令人驚訝的是，巴赫歿後超過百年，這首曲子依舊被認為是寫給大提琴的練習曲，或是某種曲子的分部譜。也就是說，此作並不被視為一首已經完成的曲子，就像舒曼等人還寫了這首曲子的鋼琴譜。

一八九〇年的某天，西班牙巴塞隆納一位學習大提琴的十四歲少年在二手書店發現這首曲子的樂譜。從此，少年每天都練習彈奏這首曲子，將它完全成為自己的作品。十四年後，少年在巴黎公演，聽到這首曲子的眾多聽眾，深深著迷於只用一把大提琴就創造出來的廣闊世界。這位大提琴家名叫卡薩爾斯（Pablo Casals）。身為二十世紀最偉大大提琴家的他曾感懷地說：「從來不曉得有這麼一首曲子，當我看到的瞬間，便直覺發現一首不得了的作品。」

卡薩爾斯的演奏讓巴赫的無伴奏大提琴組曲，成為世人公認的不朽傑作。這番話讓人感受到演奏具有一股神秘力量。再怎麼出色的音樂，倘若只寫成樂譜，就永遠只是音符罷了，所以演奏讓樂音有了生命力。巴赫的無伴奏大提琴組曲因為卡薩爾斯這位傳奇不朽的大提琴家而被喚醒，成了當今世界大提琴家值得花上一輩子演奏的曲子。

無伴奏大提琴組曲由六組曲子構成，除了開頭的前奏曲之外，其他全是舞曲，每一首曲子都精彩得讓人驚嘆不已。第一組的前奏曲雖然只是以單純旋律採分解和弦串連整曲，呈現流動性音樂色彩，卻是一首帶領聽者邁向廣闊無垠世界的曲子（被稱為「鋼琴的舊約聖經」的《平均律鍵盤曲集》（Das Wohltemperierte Klavier）第一號前奏曲也有著同樣感受）。各式各樣的樂音由此像萬花筒般不斷變化，聆賞時，會讓人錯覺這不是由一把大提琴演奏的曲子。樂曲內容的深度可說非比尋常，說是「人類的遺產」也不為過，以下容我簡單介紹這首曲子。

第二號雖然是比較內省、樸質的曲子，內容卻富含深意；第三號幡然一變為活潑開朗的曲風，也是最受歡迎的曲子；第四號是首異國情調的曲子，也是我最愛的一首；第五號是小調，比較艱澀難懂，卻也越聽越能聽出韻味，是充滿哲理的曲子。據說第六號是巴赫為了五弦中提琴（viola pomposa）這樂器而譜寫的曲子，所以使用大提琴很難演奏出來的高音。因為曲風非常華麗，可說是超越樂器、氣勢恢弘的傑作，也是組曲中我最鍾情的一首。

必聽的卡薩爾斯名演

這部作品也有無數不容錯過的名盤，首推讓世人認識這首名曲的卡薩爾斯的演奏，希望大家都能找來聆賞，一飽耳福。因為是八十年前的錄音作品，所以音質很差，技巧也不見得能與現今大提琴家匹敵。但我敢拍胸脯保證，卡薩爾斯的演奏絕對有其過人之處。

史塔克（János Starker）的錄音也堪稱完美。他一共錄製過四次全曲版本，最早一次是一九五〇年代的單聲道錄音（並非全曲錄音），非常精湛。

傅尼葉（Pierre Fournier）、托特里耶（Paul Tortelier）、羅斯波托維

奇（Mstislav Rostropovich）、馬友友、席夫（Heinrich Schiff）、畢爾斯瑪、鈴木秀美的演奏也是無話可說的名演。每一位的演奏都極富個人特色，只能說端視個人喜好而定。

此外，這首曲子和巴赫的其他作品一樣，也被改編成很多其他樂器的版本。金井信子以小提琴演奏的全曲集，則是以高一個八度的方式演奏，所以樂聲比大提琴來的華麗。山下和仁的吉他全曲集（他也有發行無伴奏小提琴奏鳴曲、組曲全曲集）亦不容錯過，表現出大提琴無法完美呈現的複音音樂。有趣的是，清水靖晃以次中音薩克斯風（Tenor saxophone）演奏的版本，不但演奏出與大提琴截然不同的樂聲，還絲毫無損原曲的迷人之處，醞釀出大提琴沒有表現出來的不可思議魅力，讓我更加感佩巴赫的傲世才華。

百田尚樹私房推薦錄音版本

大提琴：羅斯波托維奇

一九九一年錄音

第九曲

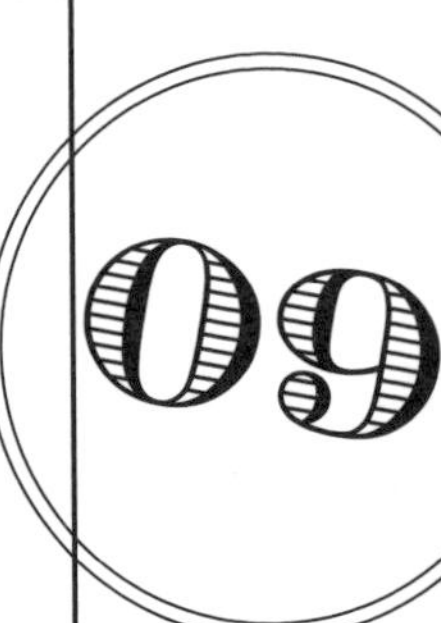

普契尼《波希米亞人》

描寫世間年輕男女的新時代歌劇

MUZIK AIR 全曲收聽：

https://muzikair.page.link/vfNK

一齣描寫庶民生活的歌劇

我雖然是個重度古典樂迷，卻不是歌劇迷，尤其對於義大利歌劇倍感棘手，所以要我誇張地說出自己喜愛的歌劇，還真是一齣也說不出來。即便像是偉大作曲家威爾第的歌劇，我也沒有積極聆賞的意願。

不過也有例外。我就很喜歡莫札特（他的代表作是取材自義大利歌劇的形式）、華格納、理查·史特勞斯的歌劇，還有像是比才（Georges Bizet）的《卡門》（Carmen）、穆索斯基（Modest Mussorgsky）的《鮑里斯·戈東諾夫》（Boris Godunov）等，倒是常聽。這次我要介紹一齣難得讓我愛不釋聽的歌劇，那就是賈科莫·普契尼（Giacomo Puccini，一八五八～一九二四年）的《波希米亞人》（La bohème）。

這齣歌劇歌劇寫於一八九五年，當時歐洲華麗宮廷時代即將落幕，改革聲浪興起，也就是相當於日本的明治二十八年。這時的歌劇界也出現變革，從以往像是童話故事般的王子、公主相遇的浪漫愛情故事，開始創作以描寫庶民生活為題材的「寫實歌劇」（Verismo Opera）。《波希米亞人》就是在此氛圍下創作出來的歌劇，舞臺背景是巴黎的拉丁區，敘述四男兩女的困頓生活。雖然最後一幕，其中一位主角病死，但故事性不似灑狗血的連續劇，而是描寫世間年輕男女日常生活的故事。就某種意思來說，堪稱是新時代歌劇。

巴黎貧窮藝術家與至愛永別的故事

第一幕場景是寒冷的聖誕夜，貧窮詩人魯道夫（Rodolfo）住在一間破舊公寓的閣樓裡，因為窮到沒有薪材可燒，只好燒自己寫的稿子取暖。就在他自嘲「真是世間的一大損失啊！」，畫家好友馬爾切洛（Marcello）、音樂家舒奧納（Schaunard），還有哲學家柯林（Colline）來找他，四人聚在一起談笑。雖然他們是一群連房租都繳不出來的窮藝術家，卻並未因此喪志，仍然懷有夢想。這一幕的台詞與音樂讓聽者（觀者）覺得興奮又愉快。

這時，房東跑來大喊催繳房租，四人不但設法打發他走，還數落他紅杏出牆一事。一陣喧鬧後，大夥決定出門逛逛充滿聖誕夜氛圍的街頭。

因為魯道夫想先完成一份稿子再出門，所以獨自留下。這時住在同棟公寓、做針線活過活的貧窮女孩咪咪（Mimì）跑來向他借燭火：「我的蠟燭熄滅了，可不可以借個火。」初次相見的兩人在短暫交談中愛上彼此。咪咪高唱的這段詠嘆調（〈我的名字叫咪咪〉，Si, Mi chiamano Mimi），以及與魯道夫的二重唱（〈美麗的女孩啊！〉，O soave fanciulla），精彩到讓人忍不住擊節稱賞：「這就是歌劇啊！」，這是一幕就連不擅長欣賞義大利歌劇的我也不禁感動萬分的精彩場景。於是兩人牽著手，走在夜晚的巴黎街頭，去找先行離去的友人。

第二幕場景是聖誕夜的熱鬧市區。四位年輕人和咪咪坐在大街旁的咖啡館，享受愉快的聖誕氣氛。這時來了一位美麗女子與半百男人，坐在隔壁桌。女子名叫穆塞塔（Musetta），她是馬爾切洛的舊情人，兩人十分介意彼此。穆塞塔高唱自己多麼美麗、擄獲男人心的這一段詠嘆調（〈當我漫步街頭時〉，Quando me'n vo'），充滿融化聽者之心的魅力。其實穆塞塔的這段高歌是在諷刺馬爾切洛，只見他拚命忍住滿腔怒火，一旁的咪咪卻看出穆塞塔還是深愛著舊情人。

馬爾切洛也明白自己依舊愛著穆塞塔。詠嘆調的最後，兩人感慨至極地呼喚彼此的名字，可說戲劇張力十足。穆塞塔為了挽回馬爾切洛的愛，和眾人一起離開咖啡館。

第三幕場景是聖誕夜過後兩個月的黎明，白茫大雪覆蓋的街上有間小酒館，音樂也一轉為沉重曲風。從小酒館傳來穆塞塔的歌聲，馬爾切洛也在店裡，這時咪咪來到酒館。咪咪將馬爾切洛叫到店外，向他抱怨魯道夫愛吃醋，讓她很痛苦，還邊說邊咳了好幾次。就在這時，魯道夫步出店外，咪咪趕緊隱身樹後。馬爾切洛向魯道夫詢問咪咪的事，魯道夫說出真心話：「咪咪病得很重，我又窮得沒錢醫治她的病，所以為了她著想，兩人還是分手吧。」躲在樹後的咪咪聽到這番話，激動得又咳又哭，魯道夫這才發現女友躲在樹後。馬爾切洛聽到從店裡傳來穆塞塔和男人打情罵俏的嬉鬧聲，生氣地走進店裡。

魯道夫與咪咪高歌深愛彼此、卻必須分手的悲傷；另一方面，馬爾切洛與穆塞塔激烈爭吵地走出店外，決定分手。舞臺上兩組情侶高唱氣氛完全不同的道別二重唱（其實是四重唱），別具奇特效果。馬爾切洛與穆塞塔大吵離去，咪咪與魯道夫則是在雪中平靜分手。

第四幕場景是分手數月後的某日午後。魯道夫坐在書桌前，馬爾切洛站在畫架前，兩人都因為思念分手的舊情人而無法工作。好友舒奧納與柯林帶著麵包與鯡魚來訪。四人雖然吃著寒酸的粗食，卻裝作很美味似地享用著，而且用餐氣氛一如往常嘻笑打鬧，這場面的音樂很美。這時，穆塞塔臉色大變地走進來，音樂也由此變為戲劇張力十足、高潮迭起的樂風。

穆塞塔撞見咪咪和一群有錢人在一起，趕緊將她帶走。其實病重、時日無多的她只想死在魯道夫身邊。為了溫暖躺在床上的咪咪那冰冷的手，穆塞塔和馬爾切洛一起離開去拿手籠（muff，一種暖手的防寒配件）。柯林則是決定當掉自己最愛的舊外套，買藥醫治咪咪的病，這時他高唱的詠嘆調（〈我的舊外套〉，Vecchia zimarra）震撼聽者的心。柯林和舒奧納為了讓咪咪與魯道夫獨處，藉口離開。

房間裡只剩下這對苦命鴛鴦，咪咪詢問魯道夫的這一段（〈大家走了嗎?〉，Sono andati）以及兩人高唱歡喜重逢心情（〈啊～我的咪咪〉，Ah, Mimì, mia bella Mimì!）的二重唱著實緊揪人心。

穆塞塔與柯林等人回來。咪咪用著手籠，開心地直說好溫暖。穆塞塔坐在床邊，向聖母瑪麗亞祈求（〈穆塞塔的祈禱〉，Musetta's prayer），無奈咪咪還是靜靜地嚥下最後一口氣。穆塞塔等人都曉得咪咪已經安詳離世，唯獨魯道夫還未察覺，直到發現眾人神情有異，他才恍然大悟咪咪已經永眠。這時，樂團奏起悲痛的樂音，隨著魯道夫哀慟高喊：「咪咪！」，一切落幕。

回想過往日子

劇情介紹稍嫌冗長。總之，這是一齣描寫貧窮年輕人的「青春群像物語」，在此之前並沒有這種題材的歌劇，所以算是一齣非常現代風格的歌劇。順道說明，法文「Bohème」的意思是「波希米亞風格生活」；波希米亞人（Bohemian）指的是出身波希米亞（現在的捷克西部）地區的吉普賽人，之後也用來稱呼窮困的藝術家。

我也經歷過像這四個男人一樣，對未來懷抱夢想的人生。那時的我一邊在電視圈當個混口飯吃的編劇，一邊抱著對未來充滿不安又憧憬的心情而活。雖然那時的我和魯道夫一樣生活窘困，但我有志趣相投的好友，也有相愛的女友，所以聆賞這齣歌劇時，總會回想過往日子；那段不可能重返的青春回憶，或許就是這齣歌劇之所以吸引人的地方。

這齣歌劇改編自法國作家亨利．穆傑（Henri Murger）的小說《波希米亞人的生涯》（Scènes de la vie de bohème），這是一部由好幾個短篇拾綴而成的作品。據說當年普契尼製作這齣歌劇時，耗費相當大的心力、歷經多次改寫，足足花了兩年的時間才完成腳本。

眾所周知，普契尼的歌劇《瑪儂．雷斯考》（Manon Lescaut）、《托斯卡》（Tosca）等，是描繪淒美的愛與死；《杜蘭朵》（Turandot）、《蝴蝶夫人》（Madama Butterfly）、《西部女郎》（La fanciulla del West）等，則是充滿異國風情的作品，其中《波希米亞人》更是一齣風格特殊之作，應該也是他最殫精竭慮創作的一齣歌劇。第一幕開頭出現的主題，據傳是他還在就讀音樂學校時的作品。普契尼創作《波希米亞人》時，才三十幾歲，也許那時的他回想起那段夢想成為音樂家的青春回憶吧！

附帶一提，擔任《波希米亞人》首演、年僅二十八歲的青年指揮家，就是日後成為指揮巨擘的托斯卡尼尼。

安可聲超過三十分鐘

提到《波希米亞人》的經典名盤，首推卡拉揚指揮柏林愛樂的演出。除了纖細、戲劇張力十足的指揮功力之外，擔任咪咪一角的米蕾拉・弗雷妮（Mirella Freni）、魯道夫一角的帕華洛帝（Luciano Pavarotti）的演出精彩絕倫。有一幕兩人的二重唱簡直展現奇蹟般的唱功，精湛到讓人覺得恐怕再也聽不到如此出色完美的二重唱。

賽拉芬（Tullio Serafin）指揮聖西西里亞國立音樂學院管弦樂團（Orchestra dell' Accademia Nazionale di Santa Cecilia）的演奏也令人激賞，無論樂團還是歌手陣容都非常出色。七十八歲的托斯卡尼尼指揮NBC交響樂團的演奏雖然是最古老的單聲道錄音版本，卻讓聽者感受到劇力萬鈞的氣勢。托斯卡尼尼與歌手一起高歌的錄音珍貴無比，其他還有不少名盤。

不過，我現場聆賞過最精彩的《波希米亞人》，是克萊巴指揮米蘭史卡拉歌劇院管弦樂團（Orchestra del Teatro alla Scala）的演奏。一九八一年與一九八八年他們兩度來日本的公演，我都有去，堪稱空前絕後的演出。我還記得第二幕穆塞塔高呼「馬爾切洛！」的場面，演奏中途觀眾席竟然響起如雷掌聲；第四幕尾聲，我和許多觀眾都感動落淚。這兩次公演落幕時，觀眾紛紛起立，高喊安可足足長達三十分鐘。

百田尚樹私房推薦錄音版本

魯道夫：尼科萊．蓋達（Nicolai Gedda）

咪咪：米蕾拉．弗雷妮

指揮：托瑪斯．席佩斯（Thomas Schippers）

羅馬歌劇院合唱團與管弦樂團（Rome Opera House Chorus and Orchestra）

一九六二、一九六三年錄音

第十曲

10

史特拉汶斯基

《春之祭》

才華爆發，年輕天才的至高傑作

MUZIK AIR 全曲收聽：

https://muzikair.page.link/Vdps

觀眾反應兩極化

要說古典音樂史上最令人非議的作品，當屬史特拉汶斯基（Igor Stravinsky，一八八二～一九七一年）的芭蕾音樂《春之祭》（The Rite of Spring）吧！

說是非議還不足以表達，因為這首曲子竟然引發大騷動。這首曲子是史特拉汶斯基的三大芭蕾音樂最後一首作品（其他兩首是《火鳥》（Firebird）、《彼得洛希卡》（Petrushka））。首演於一九一三年五月二十九日，巴黎的香榭麗舍劇院（Théâtre des Champs-Élysées）。據說曲子才開始演奏不久，觀眾席便傳來嘲笑與批評聲，演奏廳內一片騷然。腳踏地聲與斥罵聲甚至大到幾乎聽不見音樂，臺上的舞者不知所措。

儘管劇院老闆呼籲觀眾「無論如何，還請聽到最後」，依舊無法安撫觀眾情緒，終至演變成意見相左的兩派觀眾開始互毆，導致許多人掛彩。最後只好出動憲兵隊平息這場風波，成了報章雜誌以「春之災難」來形容這場演出的特殊事件。

當時有巴黎社交圈女王之稱的普達蕾伯爵夫人神情扭曲地批評：「我活了六十年，還是第一次看到這麼愚蠢的作品。」

前衛詩人薩松（Siegfried Sassoon）寫了一首名為《春之祭》的詩，在此擷取部分，了解他的感受：

「根本是凌遲指揮！斬首定音鼓！殺害銅管樂器！血染弦樂器！」

首演當時不只一般聽眾厭惡這首曲子，就連當時知名作曲家聖桑（Charles Camille Saint-Saëns，代表作有《動物狂歡節》（Le carnaval des animaux）等）光是聽到開頭部分，便站起來說了句：「我不想聽連樂器使用方法都不懂的人寫的曲子！」此外，擔任這場首演的國際級指揮大師蒙都（Pierre Monteux），後來也表示當初史特拉汶斯基用鋼琴彈奏這首曲子給他聽時，自己根本「連一個音符也無法理解」。

《春之祭》之所以讓當時的聽眾極為反感的理由，就是因為太前衛了。除了拍子不斷變化之外，旋律接近無調，加上整首曲子充滿極度不協調的樂音。因此，對當時的人們來說，簡直是無法理解的音樂；但百年後的現代，已然成為古典樂名曲，也是音樂會經常演奏的曲目之一，或許聽眾的耳朵經過百年也跟著進化了吧！

話雖如此，四十年前我初次聆賞這首曲子的第一印象就是「很怪」，心想「八成聽再多次也不會喜歡吧」。但不可思議的是，現在的我卻能接受。不過若問我是不是很喜歡這首曲子，應該會持保留態度，因為我比較喜歡《火鳥》、《彼得洛希卡》。

不可否認，《春之祭》確實有它令人難以抗拒的魅力。聆賞這首曲子時，可以感受到文明未開時代人類的原始力量、野蠻與活力。因此，這是史特拉汶斯基的三部作品中，最具個人特色的作品。

少女一邊跳舞，一邊走向死亡

這首曲子的靈感來自史特拉汶斯基的幻想，內容如下。

「在異教徒們舉行神聖莊嚴的儀式會場，有個被選為獻給太陽神活祭品的少女在長老們面前一邊跳舞，一邊走向死亡……」

總之，就是如此奇妙的幻想。

這部作品分為兩部，第一部〈大地的崇拜〉（L'Adoration de la Terre）由〈序曲〉（Introduction）、〈春之預兆〉（Les Augures printaniers）、〈誘拐遊戲〉（Jeu du rapt）、〈春天的輪旋曲〉（Rondes printanières）、〈對立部族的遊戲〉（Jeux des cités rivales）、〈賢者的隊伍〉（Cortège du sage: Le Sage）、〈大地的禮讚〉（L'Adoration de la terre）、〈大地之舞〉（Danse de la terre）等八首曲子組成。

舞臺背景為古代俄羅斯，異教徒男男女女聚集在迎接春天來臨的草原上感謝大地，不久長老們登場，決定將幾位少女作為活祭品獻給大地。此時，陽光粲然耀眼，眾人領悟到也要對太陽神心存感激，這是第一部〈大地的崇拜〉的梗概。

第二幕〈獻祭〉（Le Sacrifice）由〈序曲〉、〈少女的神秘圈子〉（Cercles mystérieux des adolescentes）、〈活祭品的讚美之舞〉（Glorification de l'élue）、〈祖先的呼喚〉（Évocation des ancêtres）、〈祖先的儀式〉（Action rituelle des ancêtres）、〈少女的獻祭舞〉（Danse sacrale）等六首曲子組成。

故事講述少女們在大地上跳舞，長老們從中選出一位少女。只見她跳著歡喜之舞，卻逐漸發狂、死去，於是長老們高舉她的屍體，將其獻給太陽神，成為太陽神的新娘——。

事實上，這是一齣故事極為詭異的芭蕾舞。恐怕史特拉汶斯基幻想出這故事的同時，音樂也隨之誕生吧！

題外話，《春之祭》的音樂也出現在華特・迪士尼（Walt Disney）製作的卡通音樂電影《幻想曲》（Fantasia，一九四〇年上映）。有趣的是，還是用在描寫地球在宇宙中誕生，地球上誕生生命，於是恐龍出現、終至滅絕的劇情。後來史特拉汶斯基觀賞這部電影後，批評這段內容與他的想像截然不同，讓他深受衝擊。然而，這段用於《幻想曲》的音樂和電影內容非常相稱，要是不知內幕的人看這段影片，八成會以為這段配樂是為電影量身訂作，足見《春之祭》十分適合作為電影或戲劇配樂。

非常討厭貝多芬

史特拉汶斯基創作《火鳥》、《彼得洛希卡》之後，於三十一歲那年譜寫《春之祭》這部作品。雖然首演時引發大騷動，他還是被譽為二十世紀的天才作曲家，並寄予厚望，但之後他的創作風格幡然一變。

他不再施展前衛手法，而是回歸巴洛克音樂（韋瓦第（Antonio Vivaldi）時代的音樂）與古典樂派（海頓、莫札特時代的音樂）的簡明曲風，音樂史上稱這段時期為「新古典主義時代」。附帶一提，他譜寫《春之祭》的時期被稱為「原始主義時代」，後來他採用十二音技巧，作曲風格驟變。

沒有作曲家像他這樣多次改變作曲風格，所以有人稱他是「變色龍作曲家」。

我個人認為史特拉汶斯基的「新古典主義時代」之後的音樂缺乏魅力。並非音樂家的我說這種話，恐怕會招來批評，但總覺得隨著《春之祭》完成，他的創作高峰期也劃下句點。他於二、三十歲時譜寫的三大芭蕾舞音樂《火鳥》、《彼得洛希卡》以及《春之祭》，可說是至高傑作。這三首曲子無疑是讓年輕天才高度發揮才華的作品。

題外話，史特拉汶斯基晚年摒棄十二音技巧，甚至連自己的作品也不想聽。人生已走到暮年的他聽的都是貝多芬晚年創作的弦樂四重奏。

這點著實令人匪夷所思，因為年輕時的史特拉汶斯基曾告訴小說家普魯斯特（Marcel Proust，《追憶似水年華》（À la recherche du temps perdu）

的作者），他非常討厭貝多芬的這首曲子。某次宴會上，普魯斯特問他：「你喜歡貝多芬嗎？」他回道：「非常討厭。」普魯斯特又問：「可是貝多芬晚年寫的四重奏——」史特拉汶斯基不待普魯斯特說完，便回道：「貝多芬的作品中，寫得最爛的一首。」

晚年的史特拉汶斯基被人問到這件事時，這麼回答：

「當時的文人雅士都對貝多芬晚年的弦樂四重奏讚不絕口，與其說他們稱讚的是音樂性，不如說他們是以文學角度來看待這首曲子。撇開這不談，我也很喜歡這首曲子。」

雖然這番辯駁說得義正嚴詞，在我聽來卻是給自己找藉口。有一次，史特拉汶斯基搭船橫渡大西洋，與指揮巨擘托斯卡尼尼同桌用餐時，他批評貝多芬是個「囂張跋扈之人」，因此惹惱托斯卡尼尼。

從這兩則軼事以及史特拉汶斯基年輕時創作的音樂，不難想像他非常不認同貝多芬的作品，不過晚年時的他或許總算察覺到樂聖的魅力吧！

隨著年紀漸增，接觸到的音樂類型更廣，音樂的喜好也會跟著改變吧。這麼一想，就不難理解他的作品風格為何如此千變萬化。只是過了創作顛峰期的他無法再催生出不知天高地厚、年輕時那樣的不朽傑作了（要是有人欣賞史特拉汶斯基晚年的作品，在此說聲抱歉）。

《春之祭》先生

《春之祭》的名盤不少，個人首推馬克維契（Igor Markevitch）指揮愛樂管弦樂團的演奏，有一九五一年與一九五九年兩種版本，都很精彩動人。因為《春之祭》的拍子很複雜，以往很少有指揮家能完美指揮這部作品，所以擅長指揮這部作品的馬克維契甚至有「春之祭先生」的美名，每每呈現震懾人心的演奏。

祖賓・梅塔指揮洛杉磯愛樂的演奏可說大器磅礴、充滿速度，淋漓盡致呈現《春之祭》的魅力。布列茲（Pierre Boulez）指揮克里夫蘭管弦樂團的演奏也很精彩。布列茲本身是位前衛作曲家，所以在節奏與樂音的處理方面有其獨到之處。

以往很少有指揮、樂團能完美演奏這首曲子，但現在就連學生樂團也能演奏；演奏技巧之所以能夠提昇，我想是拜ＣＤ之賜。因為樂團團員可以聽ＣＤ了解這首曲子，說得極端一點，就算不看指揮的指示，也能駕馭複雜變化的拍子、加入演奏的時機等。再次深深覺得以往那些面對完全不曉得整首曲子長什麼模樣的樂團團員，只靠指揮棒一邊指示，一邊指揮的指揮家們可真是辛苦。

百田尚樹私房推薦錄音版本

指揮：楊頌斯

奧斯陸愛樂管弦樂團（Oslo-Filharmonien）

一九九二年錄音

第十一曲

佛瑞《安魂曲》

11

一首曲風開朗到有點不可思議的曲子

MUZIK AIR 全曲收聽：

https://muzikair.page.link/967q

之所以省略最具戲劇性〈神怒之日〉的理由

天主教教會在悼念逝者的彌撒儀式上，向神祈願高唱的聖歌等彌撒曲，音樂界簡稱為「安魂曲」，拉丁文是「願逝者安息」的意思。

從古至今，古典樂壇有不少作曲家寫過流芳百世的安魂曲，最有名的莫過於莫札特臨死之際寫的《安魂曲》（未完成），而且一點也感受不到莫札特慣有的愉悅與溫柔。據說這是為他自己而寫的安魂曲，所以格外晦暗陰鬱。

以創作歌劇聞名的威爾第也寫過安魂曲，而且是恢弘壯闊、曲風華麗的合唱曲。此曲也因為規模宏大，完整演出超過一小時。

布拉姆斯也有一首以德語創作、非常有名的安魂曲（安魂曲原本是用拉丁文詠唱，所以這首曲子被稱為《德文安魂曲》，Ein Deutsches Requiem），曲風也是非常莊嚴神聖。此外，以《幻想交響曲》（Symphonie fantasique）聞名的白遼士也寫了一首氣勢磅礴的安魂曲，還有不少作曲家也寫過。雖然我無法一一聆賞，但幾乎所有安魂曲都是深沉、哀傷感懷的曲子。我想，因為是悼念逝者的曲子，所以作曲家都抱持嚴肅心情創作。

不過這次介紹的佛瑞（Gabriel Fauré，一八四五～一九二四年）這位作曲家創作的安魂曲風格，卻與其他作曲家的作品大相逕庭。他的這首安魂曲與莫札特、威爾第的作品並稱「三大安魂曲」，也是廣受世人喜愛的作品。雖然是首小調的作品，曲風卻一點也不晦暗，反而開朗到有點不可思議，絲毫感受不到面對死亡的悲傷與憤怒；這是有原因的，因為他刻意省略了安魂曲中最具戲劇性的〈神怒之日〉（Dies Irae）。

在此稍微說明一下安魂曲。安魂曲是根據彌撒的經文而譜寫的音樂，依作曲家寫的曲子不同，引用的經文內容也不一樣。不過，幾乎所有作曲家都有譜寫〈神怒之日〉。〈神怒之日〉的歌詞是講述死後世界，神會依這個人生前的所作所為給予審判，歌詞如下：

「神怒之日，這天如同大衛（David）和西比拉（Sybilla）的預言，世界瓦解化為灰燼。將來何其惶恐，審判者降臨，嚴格審查一切。」

不少作曲家都將這部分視為一段高潮來構成曲子，好比莫札特與威爾第的〈神怒之日〉就有著驚人氣勢。題外話，因為威爾第的〈神怒之日〉很有戲劇性，直到現在還時常被驚悚片、恐怖片拿來當電影預告片的配樂。

雖然佛瑞沒有說明他為何省略〈神怒之日〉的理由，但聽完整首曲子，似乎明白他為何這麼做。為什麼呢？因為他不想藉由這首曲子表達面對死亡的悲傷、恐怖與強烈情感。聆賞佛瑞的安魂曲，感覺得出曲子在表達死亡並非一定是件悲傷的事。少年合唱團與女高音（或是男童高音）詠唱的〈聖哉經〉（Sanctus）與〈慈悲耶穌〉（Pie Jesu）優美悅耳的樂聲堪稱浪漫的極致，緊接著的〈羔羊經〉（Agnus Dei）也是美得令人讚嘆不已。

事實上，這首曲子首演當時就遭人批判「沒有描寫死亡的恐怖」。法國樂評家，也是佛瑞的門生韋耶莫茲（Émile Vuillermoz）也批評這首曲子是「對他人的信仰不敬，分明是無神論者的作品」。這首曲子因為少了〈神怒之日〉，以往還不允許在天主教彌撒上詠唱（現在儀式有所改革，也就沒這問題了）。

面對自己的作品屢遭撻伐，佛瑞留下這樣的話語：

「那些批評我的安魂曲的人，有人說這首曲子是『死亡的搖籃曲』；但我認為死亡就是這樣的感受，與其說是痛苦，不如說是充滿永恆的極致幸福與解放感。」

坦白說，這首曲子給我的印象不是虔敬的宗教曲，因為非常溫柔優美。與其說是一首以「死亡」為題的曲子，不如說是描繪天堂樂園的音樂，那裡繁花盛開、萬紫千紅，天使們合唱著——。難道這麼描寫不行嗎？我不認為這樣的創作有何不妥。

複雜的異性關係催生出作品

佛瑞曾擔任過教會的管風琴師，所以被認為是虔誠的天主教徒，但他坦承並非如此。他的異性關係相當複雜，婚後依然和許多女人交往，其中甚至包含有夫之婦。佛瑞五十五歲那年，結識知名豎琴家哈塞爾曼（Alphonse

Hasselmans，他與佛瑞同年）的女兒瑪格麗特（Marguerite Hasselmans），也是他一輩子的情人。

就世俗眼光來看，佛瑞或許是個沒有道德觀的男人，但我認為這就是所謂的藝術家性格吧！正因為他是熱情又多情的男人，才能創造出那麼精湛的藝術作品。莫札特、貝多芬、李斯特、華格納，這些偉大的音樂家都是多情種，也曾經歷過好幾次「不倫戀」。

相反的，總覺得那種品行端正、一絲不苟的男人，反而寫不出震撼人心的曲子。唯一例外的是巴赫，再也沒有男人像他那麼深愛另一半，他和妻子生了十一個兒子和九個女兒，這是一般愛妻家很難效法的事吧！巴赫單身時，談過幾次轟轟烈烈的愛情，所以他絕不是缺乏熱情的男人，但也不會外遇就是了。因為他是虔誠的新教教徒，也是恪遵倫理的男人。

題外話，我覺得佛瑞是個愛女人、熱愛人生的作曲家，所以才能寫出如此優美動人的安魂曲吧。

「忘卻之時必定到來」

佛瑞晚年深為耳疾所苦。對於能聽到比高音更高的音、比低音更低的音，有著天賦異稟的音樂家來說，這是非常致命的疾病。因此，佛瑞晚年不是依據實際聽到的樂音作曲，而是靠腦中想像的樂音譜曲，但他隱瞞了自己的隱疾。佛瑞的兒子菲力普．佛瑞（Philippe Fauré-Fremiet）在《佛瑞．這個人與藝術》（フォーレ・その人と芸術，音樂之友社出版，原文書名《Gabriel Fauré》）寫道：

「父親晚年刻意隱瞞自己的耳疾，因為他覺得很羞恥，也討厭成天哀嘆，不想失去自己餬口的音樂之路。」（藤原裕／翻譯）

儘管他的耳朵幾乎聽不見，還是為《費加洛日報》（Le Figaro）寫了十年的樂評。當世人得知他罹患耳疾時，還批評他：「耳朵都聽不到了，還能寫樂評嗎？」佛瑞是看著樂譜，在腦中「聆賞」音樂。

縱然幾乎失聰，他還是創作不輟，而且這些曲子都有著不可思議的透明感。

若是因為聆賞佛瑞的安魂曲，而對他的作品產生興趣的話，還請務必聽聽他的晚年作品（第二號鋼琴五重奏、弦樂四重奏、大提琴奏鳴曲等），每一首都描繪著精彩的世界觀。

佛瑞活躍於因為華格納的出現，古典樂壇變革最為激烈的時代。同時期與後世作曲家，任誰都逃不過華格納的影響；有人追隨華格納，也有人批評華格納，佛瑞卻兩者皆非。就某種意思來說，他的音樂性比較折衷，也因此在音樂史上的評價不算高；但他留下的作品不算少，每一首都是非常悠揚優美的曲子。

佛瑞臨終前將兒子叫至病榻前，對他說：

「我離開人世後，希望你聽聽我的作品想要表達的東西，這是我的一切……。恐怕時間會解決一切吧……。不要心煩，也不要因此悲傷不已，因為這是聖桑和其他人也會面臨的命運……。忘卻之時必定到來……因為這些都是窮極無聊的事。我已經盡我所能了……再來就是遵從神的召喚。」（《佛瑞1845—1924》（ガブリエル・フォーレ　1845—1924），奈克圖（Jean-Michel

Nectoux）著／大谷千正編譯、新評論）

我認為佛瑞四十幾歲時創作的這首《安魂曲》，是一首象徵他的人生的作品。

這首曲子的名盤也不少。科爾博茲（Michel Corboz）十分擅長指揮這首曲子，也錄製過好幾次，每一次都是十分精彩的演奏，但我尤其推薦他指揮柏林愛樂的首演版本。克路易坦（André Cluytens）指揮巴黎音樂院管弦樂團（Orchestre de la Société des Concerts du Conservatoire）的演奏也不容錯過。

其他像是赫爾維格（Philippe Herreweghe）指揮斜行音樂合奏團（Ensemble Musique Oblique）／皇家禮拜堂合唱團（La Chapelle Royale）的演奏，以及賈第納（John Eliot Gardiner）指揮革命與浪漫管弦樂團（Orchestre Révolutionnaire et Romantique）的演奏也很動聽。

百田尚樹私房推薦錄音版本

指揮：克路易坦

伊麗莎白・布拉塞爾合唱團（Elisabeth Brasseur Choir）

巴黎音樂院管弦樂團

一九六二年錄音

第十二曲

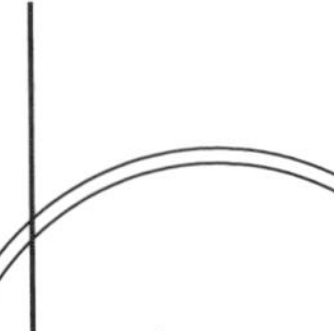

貝多芬
第八號交響曲

無比明快的至高之作

MUZIK AIR 全曲收聽：

https://muzikair.page.link/Jvax

竟然不受世人青睞，著實令人匪夷所思

若是票選最喜歡貝多芬（一七七〇～一八二七年）的哪一首交響曲，有好幾首都有可能奪冠吧！好比雄渾壯闊的第三號《英雄》（Eroica）、堪稱「代表作」的第五號《命運》、綴滿優美旋律的第六號《田園》（Pastoral），以及華格納讚譽「舞蹈的神化」（The Apotheosis of Dance）的第七號，還有堪稱集大成之作的第九號交響曲——不難想像競爭會有多麼激烈；另一方面，票選最不受青睞的作品，我想應該是第二號或第八號吧。

相較於其他幾首，這兩首作品被演奏的機會比較少。第二號是貝多芬年輕時（也已經三十好幾）的作品，也是承繼海頓與莫札特風格的時期；第八號則不然，創作於貝多芬迎向作曲家生涯最成熟時期的這首曲子竟然不受世人青睞，著實令人匪夷所思。

貝多芬創作了第七號後，緊接著又譜寫第八號，兩首曲子於同一天首演。結果第七號深受聽眾喜愛，第八號卻得不到好評。順道一提，貝多芬說過如此

有趣的話：

「聽眾無法理解這首曲子（第八號），是因為它實在太優秀了。」

這番話出自一向酸言酸語的貝多芬口中，一點也不奇怪；而且我很贊同這番話，因為比起第七號，我更喜愛第八號。

第八號是首不可思議的曲子。不斷推出七首新意十足作品的貝多芬，卻模仿海頓的交響曲風格，寫了回歸古典的第八號；此外，這首曲子也是他的交響曲作品中，規模最小的一首，全曲長度僅二十幾分鐘。然而，我認為第八號才是貝多芬到達交響曲世界的頂峰之作，聽起來就是削除一切的無謂，只用必要的樂音來構成的交響曲。

這首曲子沒有《命運》那種「藉由苦惱通往歡喜」的深刻主題，也不像第七號那麼狂熱；但是音樂的愉悅、滿溢的幸福感縱貫全曲，而且第一樂章的發展部就氣勢來說，絕對不遜於奇數交響曲（第三號、第五號、第七號）。貝多芬自己也認為這首曲子的風格非常成熟完整，證據就是十二年來，他只寫了八首交響曲（十二年後，才寫了第九號交響曲）。

日本人解開「永恆的愛人」之謎

第八號有幾個謎題，其中之一就是這首曲子並未獻給任何人。當時，貝多芬的許多作品都是獻給支持他的王公貴族。若是獻給富有的權貴人士，大多數時候都會都會收到優渥的謝禮（有時候並沒有），何況是交響曲這種大規模的曲子，不但被獻呈的一方有面子，作曲家也能得到厚禮；儘管如此，這首曲子成了唯一沒有獻給任何人的交響曲。我想，解開這個謎的關鍵是否就是「永遠的戀人」呢？

貝多芬歿後，在他的書桌抽屜發現了幾封信，而且是寫給女子的情書。這些情書堪稱是史上數一數二有名的情書，沒有收信人的名字，而是寫著「永恆的愛人」，這位女子也被稱為「永恆的愛人」。

一百五十多年來，研究貝多芬的專家學者們一直在調查「永恆的愛人」究竟是誰；雖然可能人選超過十人，卻無法確定，因為不曉得這些信究竟寫於何時，就連地名也只以頭文字表示，深怕被別人發現似的。這些曾經寄出的信又為何回到他手邊？也是個謎，恐怕是被退回的吧！

近幾年，從當時貝多芬投宿的旅館登記資料以及郵遞馬車的行駛記錄，發現這些信是投遞到溫泉勝地特普利茲，而且投遞日期是一八一二年七月六日與七日。此外，由其他各種狀況研判，這位「永恆的愛人」幾乎可以確定就是名為安東妮・布倫塔諾（Antonie Brentano）的女子。

順道一提，雖然公認解開這個謎題（根據他寫於一九七二年的論文）的是美國音樂學家梅納德・所羅門（Maynard Solomon）；但其實早在論文發表的十多年前，一九五九年的日本作家、也是研究貝多芬的專家——青木彌生（青木やよひ）經過縝密調查，主張這位永恆的愛人就是安東妮。因為青木的著作沒被翻譯成西方語文，所以她的這項發現並未得到認定，著實可惜。

那麼，貝多芬為何不在信上署名，連地點都以頭文字代替呢？因為安東妮是有夫之婦，亦即兩人的戀情沒有未來可言（貝多芬寫這些信時是四十二歲，安東妮三十二歲）。出身貴族、十八歲嫁給富商的安東妮，婚姻生活卻不幸福。她與貝多芬相識後，墜入情網，走上這條不歸路——。

感受得到滿滿情意的曲子

話題拉回第八號交響曲，其實這首曲子是貝多芬於一八一二年，在療養地特普利茲時譜寫的。同年七月五日，他又舊地重遊，而給「永恆的愛人」的信則是寫於七月六日與七日。也就是說，第八號是他與安東妮熾熱烈愛時創作的曲子。

此外，眾所周知第三樂章是模仿行駛在溫泉鄉卡斯巴（Karlsbad）的郵遞馬車號角聲而譜寫的旋律。貝多芬逗留特普利茲期間，安東妮是待在卡斯巴，所以信中寫了這麼一行字：「從這裡前往K的郵遞馬車出發了。」是的，貝多芬滿心雀躍地等待郵遞馬車捎來安東妮寫來的信。

第一樂章開門見山地以合奏方式演奏明快的主題。貝多芬的交響曲中，開頭從未有過如此輝煌燦爛的主題，彷彿以全身表達戀愛的喜悅。這樂章充滿躍動感，貝多芬頻頻擁抱、親吻深愛的女人。發展部即將結束的最高潮，令人感受到渾然忘我的快感。

第二章是規規矩矩的十六分音符，以往認為是送給發明節拍器的梅哲爾（Johann Nepomuk Maelzel）、而模仿卡農（Canon）所譜寫的樂章，但現在依據幾個理由，否定這說法。我倒覺得這段旋律聽起來很像郵遞馬車的馬蹄聲。

第三樂章如同前述，表現出貝多芬癡癡等待情人捎來的訊息，也是愉悅卻又揪心的音樂。

終樂章則是表現沉醉在愛情中的貝多芬多麼眉飛色舞的模樣。急速奔馳似的旋律，彷彿全速衝向心愛的人。不，不只全速奔馳，而是邊跑邊跳、快樂地舞著，著實是一段欣喜若狂的音樂，這是我對於第八號的個人感想。這麼想來，這首曲子的確不是獻給任何人。

無奈有別於如此滿滿情意的曲子，兩人的愛不久便劃下句點。

因為安東妮意外有孕（孩子的父親是丈夫），這件事也能從「給永恆的愛人」情書中窺見一二。貝多芬在信中好幾次寫道「請平靜下來」，看來他應該是在安慰煩惱不已的安東妮。從信中也能了解女方的處境十分困窘。

雖然不曉得兩人後來如何溝通，但可以確定的是那一年他們決定分手。安東妮隔年春天產下一子，曾經想過帶著安東妮遠走高飛、遷居英國的貝多芬從此再也沒和心愛的人見面。

但他心中始終無法忘懷安東妮，將這份情意悄悄藏在寫給她的信，小心翼翼地藏在抽屜最裡面。此外，貝多芬臨終前譜寫的鋼琴曲傑作《狄亞貝里變奏曲》（Diabelli Variations），就是獻給安東妮的作品。

施密特的古典名盤

此曲一直備受推崇的名盤就是施密特（Hans Schmidt-Isserstedt）指揮維也納愛樂的演奏。優雅柔美，讓人覺得這就是第八號描述的情境；雖然是超過半世紀前的演奏，但絕對是古典名盤。卡拉揚指揮柏林愛樂的演奏有好幾個版本，每一場都是經典名演，但我最推薦的是一九六二年的錄音版本。機敏爽快的演奏，樂團的表現也很出色，聆賞這樣的演奏讓人由衷覺得卡拉揚真是位了不起的指揮大師。

哈農庫特（Nikolaus Harnoncourt）指揮歐洲室內管弦樂團（Chamber Orchestra of Europe）的演奏也很精彩，每個樂章的處理都十分細膩，是一場堪稱完美的演奏。福特萬格勒指揮柏林愛樂的演奏（一九五三年）極具戲劇效果，魄力十足地演繹另一種風格的第八號交響曲。克倫培勒指揮愛樂管弦樂團的演奏亦是氣勢恢弘；其他像是奧曼第指揮費城管弦樂團、伯恩斯坦（Leonard Bernstein）指揮維也納愛樂的演出亦不容錯過。

風格比較特別的是大衛・津曼（David Zinman）指揮蘇黎世音樂廳管弦樂團（Tonhalle Orchester Zürich）的演奏別具特色、非常有趣，演奏時間為二十三分鐘，可說是第八號所有CD中速度最快的版本。

雖然我不是很喜歡古樂器演奏，但是布魯根（Frans Brüggen）指揮十八世紀交響樂團（Orchestra of the Eighteenth Century）的演奏十分獨特有趣；旋律明快，銅管的音色強弱非常出色，是一場令人聆賞愉快的演奏。

百田尚樹私房推薦錄音版本

指揮：沃爾夫岡・沙瓦利許
阿姆斯特丹皇家大會堂管弦樂團（Royal Concertgebouw Orchestra）
一九九三年錄音

第十三曲

13

理查·史特勞斯

《莎樂美》

用音樂表現為愛瘋狂的女人心

MUZIK AIR 全曲收聽：

https://muzikair.page.link/jE4s

改編自《新約聖經》

一直以來，歌劇在歐洲是屬於較為優雅的娛樂之一。在莫札特活躍的十八世紀末，維也納有宮廷歌劇院（現在的國立歌劇院），這裡也是王宮貴族的社交場所。不過到了十九世紀，隨著地方城市也興建許多小劇院，歌劇已然成了貼近庶民的娛樂。雖說如此，還是給人一種高格調感。

歌劇的題材有勸善懲惡、史詩、悲戀、奇幻、喜劇等各式各樣的故事，而且內容較為淺顯易懂；換句話說，並非堅持追求藝術性的娛樂，而是以符合大眾口味為目標。然而進入二十世紀，歌劇世界幡然一變，捨棄古典戲劇、不斷催生出像是近代文學的晦澀作品，理查・史特勞斯（一八六四～一九四九年）的《莎樂美》（Salome）堪稱是濫觴。

史特勞斯是個善於交際、處事圓融、懂得享樂、善於理財的男人，可說是很不像藝術家的作曲家，他的交響詩標題也給人一種有點隨興的感覺。他三十四歲時創作的交響詩《英雄的生涯》描述的「英雄」就是他自己。這首曲子由六個段落構成，第二段〈英雄的對手〉（Des Helden Widersacher）是嘲諷同業與樂評家；第三段〈英雄的伴侶〉（Des Helden Gefährtin）則是描述妻子與男女情愛的音樂；第五段〈英雄的偉業〉（Des Helden Friedenswerke）出現史特勞斯過往作品的各種旋律。這麼看來，還真是戲謔作品，但精彩程度絕對令人嘆為觀止。

史特勞斯創作《英雄的生涯》之後，便揮別交響詩，投入歌劇世界。深受華格納影響的他創作了《貢特拉姆》（Guntram）、《火荒》（Feuersnot）等，令人耳目一新的歌劇而備受矚目。四十一歲那年，他又自信滿滿地推出《莎樂美》。

然而，這齣歌劇從首演便飽受觀眾與樂評家正反兩極的評價，因為內容牽涉到道德問題、過於淫穢等，搞不好史特勞斯就是故意掀起話題性而譜寫這部作品。

這齣歌劇藍本是王爾德（Oscar Wilde）的戲劇。我認為王爾德是一位天才作家，他的才能也孕育出狂傲性格，《莎樂美》雖然是他的代表作之一，但從發表當初便負評不斷，為什麼呢？因為是大膽改編自《新約聖經》（New Testament）的〈馬太福音〉（Gospel of Matthew）、〈馬可福音〉（Gospel of Mark）的施洗者約翰（John the Baptist）遭處刑的故事。

預言者（司掌神的話語）約翰是為耶穌基督受洗的聖人，並非十二使徒的約翰（John the Apostle）。舞臺背景是西元三十年左右，希律王（Herod）統治的耶路撒冷（Jerusalem），他娶了嫂子（也有一說是弟妹）希羅底（Herodias）為妻。約翰因為批評此事，惹惱希律王與希羅底，而身陷囹圄。希羅底想殺死約翰，但因為他是百姓尊崇的聖人，所以希律王不敢輕易處刑。

希律王的生日宴上，希羅底的女兒獻上歌舞。龍心大悅的希律王對少女說：「妳想要什麼都可以賞賜。」少女問母親要賞賜什麼比較好，於是希羅底便說：「就說妳想要約翰的頭。」希律王聽到少女的願望，十分傷神，但為了遵守約定，便斬首約翰，將他的頭顱賜給少女。

這是《新約聖經》關於約翰遭處刑一事。雖然〈馬太福音〉與〈馬可福音〉的若干細節有點出入，但梗概大致相同。附帶一提，聖經並沒有提及少女的名字。莎樂美（Salome）這名字是出自約瑟夫斯（Flavius Josephus）的《猶太古史》（Antiquitates Iudaicae）。

雖然這則聖經故事有點令人毛骨悚然，但王爾德以此為藍本創作了更令人匪夷所思的故事。

王爾德的《莎樂美》是以希律王覬覦繼女莎樂美的美色為開端。莎樂美被幽禁於井裡頭的約翰拿（Jokanaan，約翰）的優美嗓音深深吸引，於是她以美色誘惑守衛士兵，救出約翰拿。對他一見鍾情的莎樂美幾番要求親吻約翰拿，約翰拿不但拒絕，還責備淫蕩的莎樂美會遭到報應，遂又被沉入井底。這時繼父希律王到來，要求莎樂美獻舞，卻遭拒絕；但她聽到希律王說了一句「妳要什麼，我都可以賞賜妳」，便在王的面前展現妖豔無比的舞姿。一曲舞畢，莎樂美對希律王說：「我想要放在銀盤上的約翰拿首級。」這要求讓希律王十分震驚，希望她能提出別的要求，莎樂美卻堅持要約翰拿的首級。困擾不已的希律王只好依約砍下約翰拿的頭，用銀盤裝著送給莎樂美。莎樂美出神地望著放在銀盤上的頭顱，向約翰拿傾訴愛意，還親吻他的唇。目睹此景的希律王對這個「怪物」驚恐不已，下令士兵殺了莎樂美這個女人。

多麼駭人的故事啊！初次聽聞這故事的人，肯定很震撼。這本小說出版時，世紀末巨匠畢爾茲利（Aubrey Vincent Beardsley）還為這本書畫了幾幅黑白插畫。一幅莎樂美浮在半空中、拿著約翰拿首級的插畫非常有名（畢爾茲利還將這幅插畫取名為《最高潮》（The Climax））。莎樂美抓起放在銀盤上的血淋淋首級，這幅插畫也很有名（取名為《舞姬的獎賞》（The Dancer's Reward））。畢爾茲利年僅二十五歲便英才早逝，但聽說王爾德很討厭他。

波折不斷，屢遭禁演

要是一般的作曲家恐怕不會想將這樣的故事譜寫成歌劇，因為既不會讓人看了愉快、感動，也無法淨化心靈，更沒有任何醒世意義；但音樂家史特勞斯卻將這齣戲劇改編成二十世紀最具代表性的歌劇傑作。

王爾德的腳本將莎樂美的瘋狂、獵奇與唯美描述得淋漓盡致，所以用音樂表現時的威力更加震懾人心。莎樂美雖然被約翰拿一再拒絕，但她還是要求親吻對方，用CD聽到這一段時，直叫人頭皮發麻，完全用音樂表現出一個為愛瘋狂的女人。

後半段有一幕是莎樂美跳著〈七紗舞〉（Tanz der sieben Schleier），也就是邊跳邊脫去一件紗衣的舞蹈，也就是所謂的「脫衣舞」。現今上演這齣歌劇時，表演者在舞臺上赤身裸體並不是什麼稀奇事，但在《莎樂美》發表的一九〇五年，可想而知對當時的聽眾而言，有多麼震撼。

擔綱莎樂美一角的女高音十分辛苦，因為有不少穿著薄紗跳舞的場景，光是身材一覽無遺這一點，便相當考驗體態較為豐腴的歌手。而且跳舞後還有一段很長的歌唱，調整氣息也是件難事，所以有時跳舞的場面會改由專業舞者上場。

我個人聆賞這段音樂時，並不覺得有什麼情色感，反而感受到令人沉醉的唯美，是一種毒藥之美。與史特勞斯活躍於同時期的作曲家馬勒的妻子阿爾瑪曾否定這段音樂，批評這段音樂「與整齣歌劇格格不入」，我倒不認為。《莎樂美》是一齣令人驚心動魄的歌劇，而這段〈七紗舞〉恰好發揮了間奏曲效用。

《莎樂美》是齣只有一幕、全長僅約一個半小時的歌劇，再也沒有比它更為緊湊的音樂劇了。我想應該沒有人聆賞這齣歌劇時，心情能始終沉穩吧！因為所有音樂與歌聲是如此撩撥人心。聆賞完整齣歌劇的音樂，有種彷彿看了三個小時歌劇的疲憊感，像是做了一場惡夢的感覺；而且不只恐怖，還充滿美麗妖豔的色彩。

歌劇《莎樂美》曾因內容過於驚世駭俗，屢遭禁演。維也納宮廷歌劇院指揮馬勒曾試著將其搬上舞臺，卻因為內容褻瀆聖經內容而遭教會強烈反對，始終無法如願。不過當時的聽眾倒是很認同如此新穎、出色的音樂性，史特勞斯一躍成為當代首屈一指的歌劇作曲家。

史特勞斯的父親是慕尼黑宮廷管弦樂團（Munchner Hofkapelle）的首席法國號演奏家，但他觀賞《莎樂美》之後，卻說出這樣的感想：「真是神經質的音樂，就像你的褲子裡頭爬滿了蟲子。」個性保守的他也很討厭華格納的音樂，但十八歲的史特勞斯初次聽到華格納的作品便深深著迷，從此深受華格納影響。華格納樹立了「樂劇」（Musikdrama）這般新型態歌劇風格，史特勞斯也效法，將《莎樂美》歸類為樂劇，恐怕史特勞斯的父親很不喜歡兒子創作的歌劇吧！

劇力萬鈞，磅礴大器的歌劇

一提到《莎樂美》的名盤，當屬卡拉揚指揮維也納愛樂的演奏。卡拉揚十分擅長史特勞斯的作品，可說將這齣堪稱人工之美臻於極致的歌劇，完美呈現在世人眼前。擔綱莎樂美一角的希爾加德・貝倫斯（Hildegard Behrens）演活了這個為愛瘋狂的妖豔少女；還有後來成為巨星的芭爾莎（Agnes Baltsa）詮釋的希羅底也頗受矚目。擔綱其他角色的歌手也都是一時之選，唯有當時被譽為「指揮帝王」的卡拉揚才有這等能耐，結集眾多一流演出家吧！

蕭提指揮維也納愛樂的演奏亦不容錯過，由演出華格納的樂劇而聞名的女高音尼爾森（Birgit Nilsson）擔綱女主角莎樂美，雖然氣勢十足的歌唱實力令人讚嘆，但聽起來不太像是十幾歲少女的聲音，亦是美中不足之處，但瑕不掩瑜就是了。

其他還有克萊門斯指揮維也納愛樂的演奏、卡爾·貝姆指揮漢堡國立愛樂管弦樂團（Philharmonisches Staatsorchester Hamburg）的演奏等都十分精彩。

百田尚樹私房推薦錄音版本

指揮：魯道夫·肯普

德勒斯登國家管弦樂團

一九七〇年錄音

第十四曲

貝多芬
鋼琴協奏曲《皇帝》

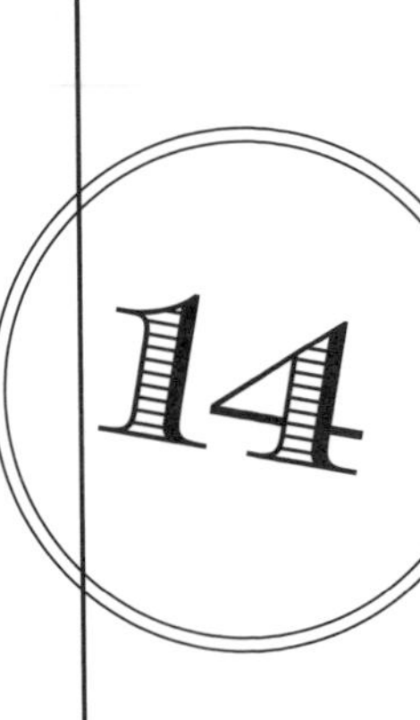

做著擊潰拿破崙軍隊的美夢而譜寫的曲子

MUZIK AIR 全曲收聽：

https://muzikair.page.link/TEv5

調性與《英雄》一樣

貝多芬（一七七〇～一八二七年）寫了六首鋼琴協奏曲（其中一首是小提琴協奏曲的鋼琴版本），最後一首鋼琴協奏曲有個氣勢非凡的別名《皇帝》。這個別名並非來自作曲家本人，而是後世之人認為這首曲子是「所有鋼琴協奏曲的皇帝」而命名的（也有一說是曲子有著光輝燦爛的氣度，十分符合皇帝的形象），這首曲子的確充滿英雄氣勢。

貝多芬二十幾歲時，寫了第一號、第二號鋼琴協奏曲，這兩首都是承襲海頓、莫札特的風格，曲風優雅可愛的「鋼琴協奏曲」。第三號協奏曲則是開拓新境界，緊接著的第四號則是踏入更深沉的世界，每一首都是匠心之作。這次介紹的是第五號降Ｅ大調《皇帝》，希望大家注意的是降Ｅ大調這調性，和第三號交響曲《英雄》的調性一樣。也就是說，貝多芬創作雄渾、英雄氣慨的曲子時，都會用這個調性。

據說這首曲子譜寫於一八〇九年（首演是一八一一年），貝多芬這時剛好住在被拿破崙軍隊佔領的維也納；諷刺的是，以往他盛讚有多麼豐功偉業的這位「英雄」，竟然侵略自己的祖國。

貝多芬之所以崇拜拿破崙的理由，是因為只是一介司令官的他卻像個超人般活躍、捍衛法國。法國大革命後法國推翻王權，建立共和國，周遭王國深怕被這股餘波波及，所以企圖摧毀法國共和政府；這時挺身而出，捍衛法國的人就是拿破崙。

擁護共和政府的貝多芬寫了《英雄》這首交響曲，獻給拿破崙；但當他得知拿破崙竟然「稱帝」，盛怒之下用筆塗去「呈獻之詞」。可能是太生氣吧，紙還破了。

之後，法國與周遭國家戰爭頻起。如同前述，一八〇九年拿破崙軍隊攻陷奧地利、佔領維也納，可想而知貝多芬有多麼憤怒，還留下這樣的話語：

「要是我像懂音樂的對位法那樣清楚戰術的話，一定會給拿破崙軍隊好看！」

還真像是貝多芬會說的話。

貝多芬是真正的藝術家

據說貝多芬創作第五號鋼琴協奏曲《皇帝》時，是避開砲擊聲、躲在地下室譜寫的。雖然純粹是我個人的看法，但總覺得貝多芬是做著擊潰拿破崙軍隊的美夢而寫這首曲子。

第一樂章是從全體合奏的和弦開始，宛如開戰的大砲聲；然後像軍隊突襲似的，鋼琴家的雙手以雷霆萬鈞之勢在鍵盤上奔馳。接著又是代表砲擊的全體合奏，以及象徵突擊的鋼琴，如此反覆三次後，鋼琴彈奏雄赳赳、氣昂昂的主題。

這個主題雖然是四四拍，但怎麼聽都是軍隊進行曲風（進行曲一般是二二拍），亦即貝多芬顯然是想以《皇帝》描繪軍隊或是戰爭，大多數樂評家都沒提及這一點，還真令人匪夷所思。

《皇帝》的曲風比《英雄》交響曲更為激昂、充滿爭鬥性，所以不難理解為何稱為《皇帝》。聆賞第一樂章，任誰都能感受到滿滿的勇氣，但這首曲子並不像《英雄》那般華麗。發展部有好幾個小調部分，衝擊著聽者的心；再現部再度由全體合奏表現砲擊，鋼琴家的雙手也再次於鍵盤上奔馳。我想應該沒人能寫出如此華麗絢爛的協奏曲。

一般鋼琴協奏曲的尾聲都會有裝飾奏，貝多芬在前四首鋼琴協奏曲也都寫了裝飾奏，唯獨《皇帝》沒有；而且他在樂譜上清楚寫著此處「不用裝飾奏」。恐怕他是覺得演奏者的即興炫技風格會損及這首曲子的完成度。自此之後，浪漫派的協奏曲便沒了裝飾奏。

這樂章沒有返始（Da Capo），而且長達二十分鐘。貝多芬的九大交響曲中，只有第九號的終樂章長度比這更長，足見他有多麼投入地譜寫這首曲子。

第二樂章幡然一變，從樂團的沉穩演奏開始，再來才是鋼琴像在傾訴什麼似地奏起優美旋律；和第一樂章的激烈抗爭琴聲截然不同，猶如輕柔包覆著受傷士兵的樂音。中段的鋼琴獨奏美得難以言喻，這就是象徵「祈求」的音樂。

緊接著是第三樂章，音樂再次展現勇猛果敢的氣勢。跳躍似的獨特切分音主題，讓人不覺得是古典音樂的旋律，也再次讓人見識到貝多芬所向披靡的作曲才華。

樂團與鋼琴的不斷論戰中，音樂愈來愈昂揚，這就是貝多芬想要表達的真心本意。附帶一提，這樂章沒有裝飾奏。

最後，鋼琴演奏家的雙手再次華麗奔馳於鍵盤上，並與樂團的和弦相互應和，豪爽落幕。

雖然我認為再也沒有比這首更為壯闊璀璨的鋼琴協奏曲，無奈這首曲子卻不受當時聽眾青睞，只首演過一次，（由貝多芬的門生徹爾尼（Carl Czerny）擔綱演奏），之後在貝多芬的餘生中再也不曾演奏過這首曲子。其實在他生前從沒演奏過的曲子還不少，像是第二十九號鋼琴奏鳴曲《漢瑪克拉維》（Hammerklavier）等，也是因為技巧太難，沒有鋼琴家能夠駕馭。

但不可否認，一生創作無數傑作的貝多芬絕對是「真正的藝術家」。像我這種不足掛齒的小說家，儘管作品初版幾百本、馬上就絕版，之後再也不出版也是理所當然，卻還是為了生活繼續寫作，且沒有自信大聲說哪一本是我竭盡全力創作的作品。然而，貝多芬的每一首曲子幾乎都是傾注全力的傑作，這一點真的令人嘆服不已。我想，拿我這種三流作家來比較，貝多芬也會苦笑吧！

因為提到《皇帝》，所以也想順便聊聊前一首，也就是第四號鋼琴協奏曲。若說《皇帝》是男性的曲子，第四號就是女性的曲子，曲風沉穩優美，和《皇帝》可說是對照組。

第二樂章非常動人精彩，相較於樂團的憤怒咆哮，鋼琴宛如安撫般輕聲細語，聽起來就像男（樂團）女（鋼琴）之間的對話。狂暴的男人總算平復下來，被女性的溫柔胸懷包覆著。

若你很喜歡《皇帝》，建議也聽聽第四號鋼琴協奏曲。因為沒有別名，所以一般人對這首曲子比較沒什麼印象，其實它是一首不遜於《皇帝》的名曲。

無敵皇帝的揮軍進擊

《皇帝》的名盤不勝枚舉。知名鋼琴家與指揮大師的組合，成就不少名演。

首先我想推薦的是艾德溫・費雪（Edwin Fischer，鋼琴家）、福特萬格勒指揮愛樂管弦樂團的演奏。兩人都是一八八六年出生的德國巨擘（費雪雖然出身瑞士，卻活躍於德國）合作了多場精彩演出。吉田秀和（註：日本樂評家）曾讚揚這場演奏：「我想說，這才是所有第五號鋼琴協奏曲錄音版本中的『皇帝』！」我深有同感。總之，規模之宏大可說非比尋常，卻是亟為纖細、深沉的演奏。兩位已經步入遲暮之年的音樂家能留下這樣的錄音作品，實是世人之幸。

鋼琴家魯道夫・塞爾金（Rudolf Serkin）、伯恩斯坦指揮紐約愛樂（New York Philharmonic）的演奏也很精湛。塞爾金的鋼琴雄渾有力，伯恩斯坦的指揮功力也毫不遜色，彷彿是一場「無敵皇帝」揮軍進擊的演奏，而第二樂章卻是充滿深深的祈願。

鋼琴家波里尼（Maurizio Pollini）、卡爾・貝姆指揮維也納愛樂的演奏亦是無懈可擊。當時三十幾歲的波里尼擁有超凡技巧，因為演奏過於完美，還被日本幾位樂評家批評「太孤芳自賞了」、「無法感動人心」，實在是很令人傻眼的說詞。波里尼的演奏堪稱達到「知・情・意」這般至高境界，錄音版本也很精彩，第三樂章讓人聆賞到一半，忍不住感動到讚嘆不已。

還有鋼琴家顧爾達（Friedrich Gulda）與史坦（Horst Stein）指揮維也納愛樂；鋼琴家巴克豪斯（Wilhelm Backhaus）與施密特指揮維也納愛樂；鋼琴家魯賓斯坦（Arthur Rubinstein）與巴倫波因（Daniel Barenboim）指揮倫敦愛樂（London Philharmonic Orchestra）的組合等，都是一飽耳福的精彩演奏。巴倫波因的琴聲與克倫培勒指揮新愛樂管弦樂團（New Philharmonia Orchestra）的組合也是不容錯過的名演。

比較特別的例子是，以鋼琴演奏貝多芬所有交響曲的希普林・卡薩利斯（Cyprien Katsaris），他也將《皇帝》改編成鋼琴獨奏版，非常有趣。卡薩利斯的琴聲與馬里納爵士（Sir Neville Marriner）指揮聖馬丁室內樂團（Academy of St Martin in the Fields）的演奏也有發行CD，也非常值得一聽。

百田尚樹私房推薦錄音版本

鋼琴：埃米爾・吉利爾斯（Emil Gilels）

指揮：喬治・塞爾

克里夫蘭管弦樂團

一九六八年錄音

第二單元

古典樂天才的登峰造極

前奏曲

音樂巨匠們的「生死觀」

我在前言提及，作曲家們步入遲暮之年的作品並非為了聽眾，而是為自己而寫，往往藉此吐露自己的心境與情感。

純粹的器樂音樂有別於文學，無法表現思想與具體訊息；然而，無論是表現情感的力道、直接訴諸人心的力量，都遠勝於文學。因此，聆賞這樣的作品，往往有一種彷彿能直接觸及作曲家靈魂的感覺，這就是音樂的力量；好比電影的最高潮處，要是少了音樂幫襯，肯定感動減半。

不少作曲家們臨終前的作品都嗅得到「死亡的氣味」，藉由曲子表現與世間訣別的悲傷、深沉的孤寂，或是對於生死的體悟。

值得玩味的是，即便死亡的年齡不同，偉大作曲家們臨終前的作品都有這個共通點。例如，三十五歲便英年早逝的莫札特，臨終前創作的曲子不但有別於以往的華麗，反而更增清澄輕靈之感，猶如超脫世俗的天籟之聲；三十一歲去世的舒伯特臨終前譜寫的作品，每一首都有著凝視死亡的恐懼感。兩人都預感自己將不久於人世。

本書雖然沒有提及，但一生創作無數情感濃烈、浪漫音樂的華格納亦然。他的最後一齣樂劇《帕西法爾》（Parsifal）捨棄了慣有的浪漫，取而代之的是好比宗教儀式般的靜謐音樂。

這單元介紹的十一首曲子（其實是二十二首），都是我由衷喜愛的作品，希望大家也能感受到它們的魅力。

不過，希望我的拙劣介紹不會損及這些名曲的魅力才好。

第十五曲

莫札特三大交響曲

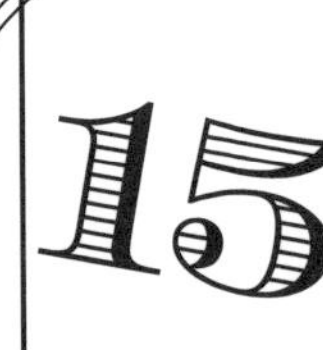

堪稱莫札特「遺書」的三首交響曲

MUZIK AIR 全曲收聽：

https://muzikair.page.link/3vDV

並非受任何人委託創作的曲子

雖然莫札特（一七五六～一七九一年）一生創作超過五十首交響曲，但據說有些不是他的親筆之作，也有在現代不被歸類為交響曲的作品，所以沒有研究出正確的總數（也有專家學者說莫札特創作了超過七十首交響曲）。一直以來有明確作品編號的有四十一首，其中也包括偽作，所以很難明確統計作品數量。這次要介紹的是他最後譜寫的三首交響曲。

這三首就是稱為「三大交響曲」的第三十九號、四十號、四十一號。其實這三首曲子都是可以花上幾頁篇幅單獨介紹的傑作，但因為是莫札特在同一時期一口氣創作的三首作品，所以這次就一併介紹。這三首曲子創作於一七八八年，也就是莫札特去世前三年、三十二歲那年，僅僅花了七個禮拜便完成的作品。

莫札特這時期創作的曲子完全被維也納的聽眾摒棄，因為他淨是寫些不討觀眾喜愛的作品。因此每次舉辦音樂會時，往往面臨台下觀眾寥寥無幾的窘境。

莫札特的收入銳減，加上他向來花錢如流水，也就過著債臺高築的苦日子。

關於這三首作品，有著一個很大的謎，那就是他為何突然寫出這三首曲子？基本上，莫札特和貝多芬不一樣，他都是接受來自別人的委託，或是為了開演奏會而作曲；但這三首既不是來自別人的委託，當時也不曾在演奏會上演奏（雖然第四十號演奏過，但不是在作品完成那一年）；相較於莫札特的其他作品，幾乎都是為了某個目的而寫，這三首卻沒有這樣的相關紀錄，著實令人匪夷所思。此外，他的書信中也沒有暗示這類訊息的內容，也是一大問號。

我的想法是，或許莫札特是出於自己的創作意欲而寫，不是嗎？這麼一想，就覺得這三首可說是有別於以往作品的傑作；而且每一首的曲風皆不同，宛如描繪三個不同的世界。

第三十九號——想要寫出速度快一點的小步舞曲

先來介紹第三十九號吧。全體合奏的和弦讓人聯想到歌劇《魔笛》（Die

Zauberflöte）的序曲，緊接著是以慣例的序奏接著演奏出主題，曲調明快優美。第二樂章的行板醞釀出一股悲傷氛圍，但絕非晦暗。第三樂章的小步舞曲非常迷人，不但有異國風情，還帶著戲謔感，真是讓人心蕩神馳的奇妙曲子。雖然標記的是小步舞曲，但我覺得更像詼諧曲。莫札特的交響曲竟帶有如此風格的小步舞曲，著實叫人眼睛一亮，總覺得要是以稍微慢一點的速度來演奏小步舞曲，可就失了這首曲子的風格。也就是說，若是以優雅來呈現小步舞曲，反而牽引不出這首曲子的魅力；當然，純屬個人喜好。中段的三重奏部分可說華麗無比。莫札特所有交響曲的小步舞曲中，我最喜歡的就是第三十九號的小步舞曲。

終樂章是充滿速度感、爽快俐落的曲子，彷彿有陣風颯爽拂過的樂章。這裡若是也以較為徐緩的速度演奏，完全不能呈現這首曲子的氛圍。我不是那種會抱怨演奏如何差勁的人，但要是這首曲子以比較沉鈍的速度演奏，我肯定會按暫停。當然，實際聆賞音樂會的時候無法這麼做，但是在家裡聽 CD 就行。

此外，這首曲子的結束方式也很精彩。一般交響曲的尾聲多是磅礴風格，莫札特卻換了個方式，反而更為出色，展現了他的美學。雖然第三十九號不似第四十號、四十一號那麼受歡迎，但絕對是不遜於這兩首的珠玉之作。就某種意思來說，感覺第三十九號最貼近莫札特的交響曲風格。

第四十號——「十二音技巧」的先驅

第四十號和第三十九號截然不同，是首悲傷的曲子。第一樂章跳過序奏，直接進入主題。基本上，這樣的寫法十分罕見，而且主題是充滿哀傷、悲情的旋律；但不是那種讓人抑鬱抽咽的悲傷，而是莫札特常用的手法「急馳般的悲傷」。

此旋律堪稱是莫札特的作品中最為人熟知的吧！因為印象過於強烈，甚至讓人以為莫札特是專門創作小調的作曲家；其實他的作品幾乎都是大調，超過五十首的交響曲中只有兩首是小調。但莫札特的小調作品每一首都是令人讚嘆不已的傑作，像是第八號鋼琴奏鳴曲、第四號弦樂五重奏、歌劇《唐・喬凡尼》、第二十號、第二十四鋼琴協奏曲、《安魂曲》（Requiem）等。

我在拙著《至高の音樂》也寫道，當時的聽眾喜歡聽大調的曲子，莫札特也迎合大眾口味；但他有時還是會忘情衝動寫出曲風較為陰沉的小調作品。就某種含意來說，或許小調曲子才能表現出他的內在情懷。莫札特十七歲時又寫了另一首小調的交響曲，也就是第二十五號交響曲。有趣的是，第二十五號、第四十號都是G小調，也有人稱第二十五號是「小G小調」。饒富趣味的是，這兩首曲子都沒有序奏，一開頭就是衝擊人心的激情樂風（雖然第二十五號有個非常短的序章）。

第二樂章的徐緩樂章，雖然是一般的抒情樂章，卻讓人感受不到安穩，反而覺得騷然不安。接著第三樂章的小步舞曲也很奇妙，小步舞曲本來就是舞曲，這裡的小步舞曲卻非如此，絲毫感受不到莫札特想取悅當時聽眾的意圖。

終樂章的開頭神似前述的第二十五號交響曲（G小調）的第一樂章主題，

也許他想起了年輕時創作的G小調交響曲吧！因為小林秀雄曾在著作《莫札特》（モーツァルト）一書中，特別介紹了這個主題的樂譜，所以讓我印象深刻。事實上，這是一段會讓初次聽到的人不禁咋舌的旋律，上升的半音階調性十分曖昧，擁有讓聽者陷入不安情緒的魔力。貝多芬的第一號鋼琴奏鳴曲第一樂章開頭，以及第五號交響曲《命運》的第三樂章開頭旋律也是如此。我想，可能是貝多芬瞧見這旋律潛藏著不可思議的力量吧！

根據音樂學家的研究，終樂章的發展部寫了神似後來的十二音技法。十二音技巧，是由十九世紀到二十世紀活躍於德國的奧地利作曲家荀貝格編寫出來的。所謂十二音技巧，就是將一組八度音程內的十二個不同的半音予以配列，便成了無調性音樂；雖然堪稱是音樂史的劃時代發明，但我個人不以為然，怎麼說呢？因為用十二音技巧創作的曲子感動不了人心。也許有人會批評：「那是你的耳朵有問題吧！」但這是我的感受，而且我不是音樂學家，只是純粹喜好聆賞古典音樂。

其實我聆賞莫札特或巴赫的音樂時，也常瞬間好像聽到類似十二音技巧的旋律，我不認為純屬偶然，因為這部分往往具有莫大效果；換句話說，就是因為知道有這樣的效果，才會寫出這樣的樂句。不過，我認為巴赫和莫札特肯定曉得光是靠這樣的技巧無法寫出感動人心的音樂，所以用得十分節制。

恕我稍微離題，總之這首曲子的終樂章發展部帶領聽眾進入神奇世界，再現部又回歸G小調，發展部的餘韻延續到最後。

第四十一號——融合古典奏鳴曲式與賦格的奇蹟之作

雖然最後這首第四十一號交響曲的別名《朱彼特》（Jupiter），是後世之人加上去的，卻貼切表現這首曲子具有的輝煌與莊嚴。這首曲子的第一樂章也是跳過序奏，直接進入主題；但有別於前一首的G小調，這是首燦爛的C大調。第二樂章是非常優雅的行板，第三樂章的小步舞曲其實曲風非常明快詼諧、更勝舞曲，和第三十九號、四十號的小步舞曲可說大相逕庭。

終樂章是整首曲子的焦點，也是總結這三首交響曲的精彩樂章，說是莫札特最棒的創作也不為過，是難以超越的傑作。他在這裡完美融合了古典的奏鳴曲式與賦格，雖然這是兩種很難完美融合的技法，莫札特卻像要挑戰什麼似地寫出這樣的音樂，催生出這首奇蹟之作。

我光是聽到開頭Do．Re．Fa．Mi的賦格主題，就覺得悸動不已，這是宛如沐浴在耀眼光芒中的主題；隨著奏鳴曲式的呈示部到發展部、再現部，更增輝煌。雖說每一處地方都是如此完美，但尾聲（結尾部分）的精彩程度著實筆墨難以形容，彷彿音樂直衝廣闊天際。

雖然「三大交響曲」是獨立的曲子，各有屬於自己的美麗，但我還是無法不將這三首曲子想像成一個世界。古典明快的第三十九號、挖掘深沉悲傷的第四十號，還有接受一切、飛向天際的第四十一號——這三首曲子堪稱是莫札特的遺書。之所以寫完這三首之後、直到去世之前，莫札特不曾再寫過交響曲，也許就是因為這原因吧！

令人振奮不已的超快速度

三大交響曲的每一首都是名作中的名作，從古至今的錄音版本數量之多，令人咋舌，名盤亦是不勝枚舉。因為逐一介紹的話稍嫌繁瑣，所以我想從一次演奏三曲的指揮家中，舉薦高水準的演奏。如同我一再提及，只要是有發行CD的演奏都是水準一流的專業演奏，肯定品質保證，容我列舉如下。

喬治・塞爾指揮克里夫蘭管弦樂團的演奏，無疑是「知、情、意」的極致名演。樂團雄渾有力，卻不失纖細之美，尤其是《朱彼特》的終樂章仿若神技。

哈農庫特指揮歐洲室內管弦樂團的演奏十分沉穩，速度夠快、爽快俐落，又帶有激烈情感。雖然三首的演奏都是不容錯過的名演，但第三十九號的小步舞曲，其超快速度令人驚嘆不已。順道一提，托斯卡尼尼也是用同樣的速度演奏。

華爾特（Bruno Walter）指揮紐約愛樂的演奏雖然錄音版本老舊，但演奏水準超高，讓人不禁想大喊：「就是這個！這就是莫札特啊！」

百田尚樹私房推薦錄音版本

指揮：馬里納爵士

聖馬丁室內樂團

一九八一年錄音

第十六曲

貝多芬
第三十二號鋼琴奏鳴曲

人類史上最偉大的曲子

MUZIK AIR 全曲收聽：

https://muzikair.page.link/GJFY

寫給二百年後的聽眾

我想，對於貝多芬（一七七〇～一八二七年）來說，鋼琴奏鳴曲是很特別的曲子。貝多芬五十六年的生涯中，交響曲、協奏曲、鋼琴奏鳴曲、弦樂四重奏、歌劇、聲樂、小提琴奏鳴曲等，創作跨足各類型曲子；而且他是極少數能在各類型曲子中都留下偉大傑作的作曲家，但是他一生最愛、也持續創作的就是鋼琴奏鳴曲。

原本想成為鋼琴演奏家的貝多芬，十六歲那年離開故鄉波昂前往維也納。他的出色演奏技巧旋即征服聽眾的心，當時經常舉行鋼琴家的公開對決，貝多芬可說連戰皆捷，成了打遍天下無敵手的鋼琴演奏家。

但他卻突然罹患耳疾，這對音樂家來說是一大致命傷。他曾想過自我了斷，但不屈的鬥志讓他打消自殺念頭，決定今後要以作曲家身分活下去。現今的流行作曲家可以靠版稅、著作權費用等賺進豐厚收入，但是貝多芬身處的年代沒有所謂的著作權，所以作曲收入都是靠出版樂譜拿到的稿酬。

貝多芬也是光靠作曲，根本難以維持生計，所以他接受愛好音樂的王公貴族們資助，教他們的孩子習琴來餬口。他嘔心瀝血創作的曲子被演奏的機會甚少，所以根本沒有什麼來自演奏會的收入。比他稍微早期的莫札特也是如此，亦即作曲一事不能當飯吃。

儘管如此，貝多芬依舊潛心創作，相信他的作品在百年後、二百年後一定會被搬上舞臺演奏。從他留下的一些言行紀錄，明顯透露著這樣的信念。

他的思想也如實體現在作曲方式。鋼琴演奏家時期的貝多芬是即興演奏的天才，他能在鋼琴家對決場合上一拿到主題就立刻即興演奏，表現廣闊無垠的世界。莫札特初識十七歲的貝多芬時，也對他的即興演奏驚豔不已，還對友人說：「那個男人總有一天會在維也納紅透半邊天吧！」雖然我們無緣親耳聆賞貝多芬的即興演奏，卻能聆賞他留下的許多偉大之作。當時的貴族們聆賞他的作品時，往往感動落淚。

據說他創作鋼琴奏鳴曲時，並未將即興演奏的部分寫成譜，為什麼呢？因為他覺得即興聽到的樂音，和反覆聆聽的音樂並不一樣。常常會有乍聽覺得很陶醉的旋律，反覆聆聽後卻覺得不怎麼樣的情形，貝多芬很害怕這種情況。

所以他創作鋼琴奏鳴曲時，總是一改再改，反覆雕琢，非得改到讓自己完全滿意的樂譜才行，一切都是因為他意識到百年後、二百年後的聽眾耳朵是很嚴苛的。一想到二百多年前竟然有位秉持這般精神，不斷創作的音樂家，著實令人咋舌。

貝多芬晚年的傑作第二十九號鋼琴奏鳴曲《漢瑪克拉維》，是首長度超過四十分鐘的曲子，因為難以駕馭，所以當時沒有鋼琴演奏家能彈奏這首曲子。友人告訴貝多芬這件事，他回道：「再過五十年應該有人會彈吧！」成了一則有名的軼事。

從他開始以作曲家身分活躍樂壇，中期、乃至於晚年，唯一持續創作的就是鋼琴奏鳴曲，說是薈萃他的所有精華也不為過，也能一窺他以作曲家身分一路走來的發展軌跡。初期的感傷風格還留有莫札特、海頓那種優雅氛圍的影子；

但進入中期之後，便顯現出個人特色，讓人感受到他「不向命運低頭」的堅強意志；晚年則是描繪靜謐生死觀，帶領聽者走進不可思議的世界。

此外，貝多芬不斷創作鋼琴奏鳴曲的時期，也是鋼琴這項樂器蓬勃發展的時代。為了讓鋼琴發出更大的樂聲，音域也隨之拓展。因此，貝多芬的鋼琴奏鳴曲可說抓準時機，與時俱進，表現力也為之提昇。聆賞他的鋼琴奏鳴曲，還可以聽到鋼琴的發展史，也是一種樂趣。

任何作曲家都無法比擬的奧妙之美

前言稍嫌冗長，這次要介紹貝多芬的最後一首鋼琴奏鳴曲第三十二號。不瞞各位，所有古典樂曲中，我最愛的就是這一首。明知這麼寫可能會被恥笑，但我真心認為這首曲子是人類史上最偉大的作品。

從二十幾歲到三十幾歲，以鋼琴奏鳴曲描繪各種世界的貝多芬，以第二十三號《熱情》（Appassionata）臻於鋼琴奏鳴曲的顛峰，之後便趨於優美沉穩的作品；晚年則是譜寫出前述的《漢瑪克拉維》這般無與倫比的壯闊曲子，接著又寫了第三十號、三十一號、三十二號，這三首最後的鋼琴奏鳴曲。這三首奏鳴曲描繪著任何作曲家無法比擬的「奧妙之美」，以及難以言喻的神秘世界。第三十號、三十一號鋼琴奏鳴曲也少了他的作品一向予人抗爭、情感糾葛的感覺。

然而，最後這首第三十二號的第一樂章就充滿激烈的爭鬥感，調性和《命運交響曲》一樣是C小調，赤裸裸地使用對位法，進行一場與命運的激烈爭鬥。

接下來的第二樂章又變成靜謐、療癒的音樂。第二樂章正是貝多芬的漫長作曲家人生最後抵達的世界，由名為小詠唱調（arietta）的主題以及五段變奏曲構成。

主題是C大調，也是最明快、溫柔的調性，與第一樂章的C小調呈對比。那麼，該如何形容這個主題呢？總覺得光是用溫暖這詞並不足以表達，有種像是天使安撫在第一樂章抗爭到精疲力盡的貝多芬，充滿慈愛的旋律。不好意思，以下純粹是以個人主觀來分析，恣意想像、表達音樂是小說家的壞習慣，還請見諒。

第一變奏聽起來像是貝多芬在靜靜沉睡似的，充滿朦朧感的音樂。雖然是很單純的旋律，卻沁滿無限溫情。

第二變奏聽起來有如他在夢中返老還童。一生坎坷、波折不斷的貝多芬回到幸福的孩提時代。我每次聆賞到這一段就想落淚。

第三變奏像是在描述天堂景象。返老還童的貝多芬無憂無慮地嬉戲著，多麼愉悅、開朗啊！

第四變奏宛如深沉奧妙的世界。變奏曲的最後部分，彷彿瞧見天使緩緩從天而降，讓人不禁感動落淚。

表達力已然超越樂器

最後是第五變奏。每每聆賞這段變奏曲，就會聯想到歌德的《浮士德》

（Faust）最後的「神秘合唱」。被無情命運幾番玩弄、一生都在與命運之神激烈抗爭的貝多芬，在天使的引領下前往天界。我知道有人會覺得這麼形容很誇張，但我的確看到這般光景。

聆賞沒有歌詞的音樂時，我很少流淚；但這首第三十二號鋼琴奏鳴曲可說是例外之一。對我而言，這首曲子已經超越了所謂的音樂。

這首曲子只有兩個樂章，秘書辛德勒（Anton Schindler）問貝多芬：「為何不寫第三樂章呢？」他回道：「沒時間。」這是一則有名的軼事。當然，貝多芬的回答也語帶諷刺，因為只要聽過這首曲子，就會明白第二樂章之後不需要任何樂音了。

貝多芬寫完第三十二號鋼琴奏鳴曲之後，留下一句名言：「鋼琴這個不夠完美的樂器，恐怕今後會折磨許多作曲家吧！」一生鍾愛鋼琴，也將全部信賴寄託於鋼琴的貝多芬，他的表達力已然超越樂器。之後貝多芬又活了五年，陸續寫出最後一首交響曲「第九號」、《狄亞貝里變奏曲》、五首弦樂四重奏等傑作，唯獨不再譜寫鋼琴奏鳴曲。

完美無瑕的演奏

如同前述，我偏愛這首曲子，擁有加總起來超過一百張的CD與唱片。雖然這種事沒什麼值得炫耀，但至少對我來說，這是一首特別的作品。也許你會想，要從一百張裡頭挑選推薦的版本，肯定很累吧？但這首曲子沒這問題，因為一首精彩無比的作品，可以撇開演奏優劣這問題了。這是我的真心話。

不過還是要挑選一下才行，推薦幾個我很喜歡的演奏版本。

對我來說，波里尼的演奏堪稱天衣無縫。激昂的第一樂章，完全相反的靜謐的第二樂章——完美無瑕地奏出每個樂音。雖然有樂評家批評他的演奏「沒有情感」、「面無表情」，但我很想問問他們是用什麼樣的耳朵在聆賞，因為再也沒有比這更情感豐富的演奏了。

因為是八十年前的錄音版本，所以音質不是很好，但許納貝爾（Artur

Schnabel）的演奏也很精湛，第二樂章的詮釋不遜於波里尼。巴克豪斯的演奏雖然淡淡的，卻有著深沉的感動。顧爾達也錄製過好幾個版本，每一個版本都是很精彩的演奏。

其他像是威廉・肯普夫（Wilhelm Kempff）、布蘭德爾（Alfred Brendel）、李希特（Sviatoslav Richter）、魯道夫・塞爾金、布赫賓德（Rudolf Buchbinder）、波米耶（Jean-Bernard Pommier）等人的CD，都是堪稱「完美至極」的演奏。也就是說，無論是聽誰的演奏，都能吟味到無與倫比的感動。

百田尚樹私房推薦錄音版本

鋼琴：寇瓦謝維契（Stephen Kovacevich）

（鋼琴奏鳴曲全集&小品集）

二〇〇三年錄音

第十七曲

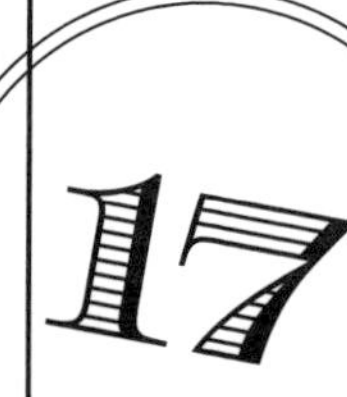

布拉姆斯
單簧管五重奏

拋開貝多芬陰影，展現本色的曲子

MUZIK AIR 全曲收聽：
https://muzikair.page.link/6og3

讓內心逐漸沉潛的音樂

布拉姆斯（一八三三～一八九七年）是個難以捉摸的作曲家。雖然我這麼寫，可能會惹惱布拉姆斯迷，但他最有名的四首交響曲，聽起來並無共通點。此外，兩首偉大的鋼琴協奏曲也完全不像是出自同一位作曲家之手。

布拉姆斯的曲風有時讓人覺得像是雄渾豪邁的男人，有時又帶著感傷、纖細的女人味；時而讓人覺得激昂爭鬥，時而又是滿腹愁緒。當然，作曲家的每首作品往往會呈現不同樣貌，所以上述形容也適用於其他作曲家。即便創作者催生出風格截然不同的作品，還是會保有創作者的「本質」；但就布拉姆斯而言，卻很難看出他的本質為何。

眾所周知，布拉姆斯非常在意貝多芬這位標竿級作曲家。如同上一本拙作《至高の音樂》提到，他創作第一號交響曲時，一直希望能寫出一首像貝多芬那樣「從抗爭迎向勝利的曲子」，所以不得不壓抑自己的真性情。第一號交響曲從構思到完成，足足花了二十一年；就連應該是在比較輕鬆狀態下完成的第二號、第三號交響曲，在我聽來，也是嗅得到爭鬥味。恕我直言，聽起來就像是混雜著外放與沉潛、兩種截然不同感覺的奇妙作品。雖然有人說這就是布拉姆斯的個性，我倒不認為；總覺得他將對於貝多芬式曲子的憧憬，以不一樣的形體顯現在他的作品。

我想，布拉姆斯的本質就是內斂沉潛吧！證據就是隨著年歲漸增，他的曲風比較沒那麼外放、爭鬥，越發顯現他的本色，那是一種不同於貝多芬式的哲學觀，較為接近個人感傷的一面。布拉姆斯的最後一首交響曲——第四號交響曲無疑是最能表現出他這種性格的作品。當然，肯定有不少人反駁我的看法，但這是我聽到、感受到的感覺。

個人認為眾多作品中，最能代表布拉姆斯的曲子就是他創作於五十八歲那年的單簧管五重奏，已經沒有任何貝多芬的影子，而是以自我本色敘述自己的音樂——這是我的看法。

事實上，在創作這首曲子的前一年，布拉姆斯在寫給友人的信上提到他不想再寫像交響曲這樣要耗費心神的大作了。而且那時他正在寫遺書，整理草稿。

克服悲傷的生死觀

單簧管與弦樂四重奏合奏的單簧管五重奏，是一首充滿對於生死的體悟與寂寥感的奇妙曲子。曲中有著深深懷念、吟味過往、如作夢般甜美的感懷，也感受得到虛無縹緲的哀傷。

第一樂章從彷似秋日夕陽、樹葉凋零的旋律開始，感覺神似第四號交響曲開頭的氛圍。雖然好幾段有著讓人泫然欲泣的氛圍，但整體還是保有明快感，只不過是恰似夕日餘暉的明快感。

慢板的第二樂章是夜間音樂會。單簧管吹奏出沁入聽者心脾的旋律，這段旋律也稱為「真愛之歌」。對我來說，與其說是愛的音樂，聽起來更像是克服悲傷、體悟生死為何的音樂。這段哀愁至極的旋律緊揪人心，恐怕聽一遍就無法忘懷吧！

第三樂章的開頭是帶著陰鬱氛圍的小行板（不快不慢），中段的急板（相當快）有著讓心緒紛亂的曖昧感。

終樂章是變奏曲。宛如年邁男人回憶青春的主題，五段變奏曲逐一展開，各自呈現不同的人生況味。最後以第一樂章的旋律靜靜劃下句點。

與繆爾菲德相知相遇

據說讓幾乎放棄作曲一事的布拉姆斯決定復出的原因，是因為他結識理查·繆爾菲德（Richard Mühlfeld）這位單簧管演奏家。

繆爾菲德本來是小提琴演奏家，後來自學單簧管，成為歐洲數一數二的單簧管演奏家，同時也是出色的指揮家，可說是位才華洋溢的音樂家。他吹奏單簧管的技巧之高當然不在話下，音色與表現力亦是所向披靡。同時期的知名小提琴演奏家姚阿幸（Joseph Joachim）曾這麼讚美他：「沒有人的表現力能超越繆爾菲德。」

布拉姆斯於一八九一年結識繆爾菲德，深深為他的演奏魅力折服。那一年他陸續寫了單簧管三重奏、單簧管五重奏這兩首名曲，後來又寫了作品編號一一六～一一九的四首鋼琴小品，還有《四首嚴肅之歌》（Vier ernste Gesange）。這些曲子都是布拉姆斯晚年的傑作，曲曲皆在描繪屬於他的世界，不似任何人的音樂風格。

只要是關於布拉姆斯的傳記或評論，一定會提到一件事，那就是晚年因為結識繆爾菲德，喚醒他的創作意欲。布拉姆斯稱呼這位單簧管演奏家為「繆爾菲德小姐」、「我的首席女歌手（Prima donna）」、「交響樂團的夜鶯（長得很像黃鶯、啼聲悅耳的鳥兒）」；從他的名字「理查」可知道他是個不折不扣的男人，但布拉姆斯之所以這麼稱呼他，是因為他吹奏出來的單簧管音色既纖細又豐富多變吧！演奏會的節目單介紹文常常將繆爾菲德誤寫成女性，當然兩人之間也並非同性戀的關係。

兩人早在一八八一年便結識

日本單簧管協會會員、本身也會吹奏單簧管的五味春生，於二〇〇五年曾撰文探討一直以來的一個疑問。五味先生提出布拉姆斯與繆爾菲德應該早在一八八一年便結識，而非一八九一年的說法。

繆爾菲德從一八七年六開始擔任曼尼根宮廷樂團（Meiningen Court Orchestra）的單簧管首席，一八八一年布拉姆斯造訪曼尼根，拜訪於前一年就任樂團指揮的漢斯・馮・畢羅（Hans von Bülow，布拉姆斯的知己），所以研判他極有可能是在那時聆賞到繆爾菲德的演奏。就算那時沒機會聽到，因為布拉姆斯從一八八四年起隨著畢羅率領的樂團在歐洲各地巡演，所以肯定聆賞過繆爾菲德的精湛演奏。

一八八五年，布拉姆斯創作了他自己認為是「畢生至高傑作」的第四號交響曲，第二樂章就寫了一段旋律優美的單簧管獨奏，莫非是為了繆爾菲德所寫？而且這首曲子完成當年，布拉姆斯親自指揮曼尼根宮廷樂團首演，肯定是由繆爾菲德擔綱單簧管獨奏。

由上述情形看來，五味先生合理推論兩人結識於一八九一年的說法顯然有謬誤，我也完全贊同他的看法。

那麼，為何一般都說他們是結識於一八九一年呢？因為這一年布拉姆斯在寫給克拉拉．舒曼（Clara Schumann）的信中寫道：「沒有人能吹奏出比繆爾菲德更悅耳動聽的單簧管音色。」所以才有此說法。前一年決定放棄作曲、一整年沒有寫出任何作品的布拉姆斯，卻在翌年連續寫了單簧管三重奏、單簧管五重奏這兩首以單簧管為主的曲子。對照他寫給克拉拉的信，繆爾菲德確實是喚醒已經步入遲暮之年的布拉姆斯內心的創作魂，這應該也是許多學者專家研究出來的結論；而且一旦寫成傳記，不知不覺便成了定論。

雖說如此，布拉姆斯肯定深為繆爾菲德的演奏著迷，若非如此，不可能連續寫了兩首單簧管名曲。發表當時，單簧管五重奏比單簧管三重奏（單簧管、鋼琴、大提琴）更受歡迎；不過，布拉姆斯倒是說他「比較喜歡單簧管三重奏」。

雖然兩首都是出類拔萃的傑作，但我還是覺得單簧管五重奏更精彩動人。

幸好布拉姆斯結識繆爾菲德，找回創作慾念，因為他的晚年傑作可說是天賦的恩賜，這些精彩之作是他總算到達的境界。布拉姆斯這時已經五十八歲，他一生追尋的目標、同時也是壓力來源的貝多芬是五十七歲過世；或許純屬巧合，當布拉姆斯的年紀超越偶像貝多芬，他的內心也隨之豁然開朗吧！

青出於藍，更勝於藍

歷來有名的單簧管演奏家幾乎都會錄製專輯，所以每一張CD皆為名盤。其中被稱為古典名盤的就是維也納愛樂的單簧管首席烏拉赫（Leopold Wlach）與維也納音樂廳四重奏樂團（Wiener Konzerthaus Quartet）的演奏。烏拉赫的獨特陰沉音色意外地和這首曲子十分契合。

普林茲（Alfred Prinz）與維也納室內合奏團（Wiener Kammerensemble）成員的演奏也很推薦。普林茲師事烏拉赫，他的技巧可說是青出於藍、更勝於藍吧！

二十二歲就當上柏林愛樂單簧管首席的卡爾・萊斯特（Karl Leister），光是這首曲子就錄了六次。我雖然沒有每一次都聆賞，但他和阿瑪迪斯弦樂四重奏（Amadeus Quartet）的演出也是無可非議的精彩。

百田尚樹私房推薦錄音版本

單簧管：莎賓・梅耶（Sabine Meyer）

阿班・貝爾格弦樂四重奏（Alban Berg Quartett）

一九九八年錄音

第十八曲

18

史麥塔納《莫爾道河》

失聽後，催生出捷克的另一首國歌

MUZIK AIR 全曲收聽：

https://muzikair.page.link/sB4M

國民樂派的先驅

《莫爾道河》是一首非常受歡迎的曲子。不只原創版本，還改編成爵士、搖滾等各種形式演奏，甚至還改編成合唱曲、歌曲，算是耳熟能詳的古典樂名曲。就連日本的佐田雅志、IRUKA、平原綾香等歌手也將這首曲子改編成流行歌曲。

原曲是史麥塔納（一八二四～一八八四年）創作的交響詩。「莫爾道河」（Moldau）河是英文，捷克語稱為「伏爾塔瓦」（Vltava）河。因此，這首曲子的正確念法應該是「伏爾塔瓦」，但世人習慣稱為「莫爾道河」。

這首曲子是史麥塔納失聰後催生出來的曲子，任誰聽到都會很驚訝，是吧？一聽到失聰的作曲家，大家就會馬上想到貝多芬。二十幾歲的貝多芬深為耳疾所苦，晚年更是幾乎失聰，卻創作出第九號交響曲等名曲。史麥塔納則是完全失去聽力後，創作出這首名曲《莫爾道河》。對於作曲家來說，再也沒有比敏銳聽力來得更重要的能力了。單純的旋律就不用說了，光是要在腦中想像由各式各樣樂器編成的複雜和聲曲子，任誰都能想像有多麼困難。

史麥塔納堪稱發揚捷克民族音樂的國民樂派先驅。所謂國民樂派，就是有別於模仿十九世紀音樂重鎮德國、義大利的音樂，加入自己國家的民謠與民族音樂，發揚民族特色的音樂。順道一提，繼史麥塔納之後，同樣出身捷克的音樂家就是以創作《來自新世界》而聞名的德弗札克。

史麥塔納出生當時，捷克還不是國家。他的出生地波希米亞隸屬於奧匈帝國，當地的官方語言是德語，禁止使用捷克語。史麥塔納的父親雖然會說捷克語，但因為在家裡還是說德語，所以史麥塔納有好長一段時間只會多德語。

從小便展露音樂天賦的史麥塔納，起初是一位名聲斐然的鋼琴家，後來成為指揮家，進而開啟作曲生涯。以身為捷克人為榮的他還以捷克語寫了一齣歌劇《被出賣的新娘》（Prodaná nevěsta）。事實上，譜寫這首曲子時，他的捷克語學得還不是很好；四十幾歲的他才開始學習捷克語，每天練習聽說讀寫捷克語。

史麥塔納也是一位成功的指揮家，可惜五十歲那年，因為健康因素辭退歌劇院指揮一職，專心作曲。無奈早在幾年前他的右耳便失聰，不久左耳也幾乎聽不到。

唯美哀愁至極的主題

史麥塔納失聰後，寫了交響詩《我的祖國》（Má vlast）。這是由六首讚美祖國捷克的曲子構成的交響詩，《莫爾道河》是第二首。

《莫爾道河》是從潺潺水聲開始，描述好幾條流經深山中的溪水逐漸匯合成莫爾道河。這時，著名的主題出現，旋律美得難以形容。還有比這更唯美的旋律嗎？同時還有一股哀愁感充塞心中。

史麥塔納這麼解說這首曲子：

「流經森林與草地，流經農夫的婚禮。夜幕低垂，水妖精在月光下翩翩起舞。流經被岩石擊潰成了廢墟的城堡與宮殿，伏爾塔瓦河流經聖維特教堂時，因為水勢湍急、濺起飛沫。之後河面變得寬闊，流經高堡（Vyšehrad）旁，流向布拉格。長長的河流最後與拉北河（Labe，德文為易北河（Elbe））匯合。」

如同解說，就是一首描述這般情景的曲子。

我最喜歡「夜幕低垂，水妖精在月光下翩翩飛舞」這段描述，希望大家能輕閉雙眼，聆賞這一段，應該就能見到妖精們在月光遍灑的靜謐河面上跳舞的光景，充滿幻想之美。

曲子的最後是描述匯流成大河的莫爾道河流向布拉格，轉換成大調的地方十分精彩動人。耀眼陽光照耀下，廣闊的莫爾道河不斷流動著——。

其他五首也是精彩之作

雖然《莫爾道河》是赫赫有名的經典曲子，但除了古典樂迷之外，很少有人知道《我的祖國》全曲版本，其實其他五首也是精彩之作。

第一首《高堡》是描述位於布拉格的威瑟拉德城堡（威瑟拉德（Vyšehrad）

就是高聳城堡的意思）。這座城堡因為戰亂慘遭破壞，成了廢墟。由兩架豎琴奏出琶音開始，這是描述吟遊詩人眺望成了廢墟的城堡，吟唱古王國榮枯盛衰的景象。詩人正是祈願捷克復興的史麥塔納，不是嗎？曲子像是回憶過往光榮時代似的，一轉成為曲風雄渾的行進曲。最後，詩人佇立於城堡前，靜靜結束。緊接著是《莫爾道河》；《莫爾道河》的最後出現《高堡》的主題，或許可以解釋這兩首曲子是一組的，也是我最喜愛的一首。

第三首《薩爾卡》（Šárka）是捷克古老傳說「少女戰爭」（The Maidens' War）裡的女中豪傑之名。描述薩爾卡與宿敵茲奇拉多（Ctirad）對戰的故事。整體採敘事曲風，也是《我的祖國》中最富戲劇性、魄力十足，也是深具魅力的曲子。

第四首《波希米亞的森林與原野》（Z českých luhů a hájů），如同字面意思，就是描寫波希米亞的美麗自然風光。史麥塔納用音樂表現故鄉波希米亞的各種風情。曲子後半描述歡慶豐收的農民跳著捷克傳統舞蹈波卡舞曲的光景。

第五首《塔坡爾》（Tábor）則是讚美十五世紀發起胡斯戰爭（Hussite Wars）的胡斯派教徒的曲子。塔坡爾是位於波希米亞南部的古老城鎮，也是胡斯派教徒的據點。胡斯戰爭是一場宗教戰爭，捷克的胡斯派教徒歷經十八年抗爭，最後還是敗北；不過也因為這場戰爭，強化捷克人的民族團結。我想，以身為捷克人為榮的史麥塔納就是想藉由這首曲子，抒發愛國情懷。

曲子由暗示悲劇似的沉鬱樂音開始，這曲風貫穿全曲，中段令人聯想到激烈戰事。

第六首《布拉尼克》（Blaník）也是描述胡斯戰爭。布拉尼克是波希米亞中部的一座山，據說胡斯派教徒的戰士長眠於此。傳說這些戰士在捷克面臨危機時，將會為了拯救捷克人民而復活。依史麥塔納在樂譜上的指示，這首曲子是緊接著第五首之後不間斷地演奏。也就是說，可將這兩首視為一體。

曲子最後再度出現《高堡》主題，接著又激昂響起出現於第五首《塔坡爾》，讚美胡斯派教徒的「汝等為神之戰士」的主題。這首讚美歌的原本歌詞為「最後，他與你將常與勝利共存」，暗示捷克的光明未來，雄渾壯闊地劃下句點。六首一次聽完，是首長達一小時又二十分鐘左右的恢弘鉅作。

只要聆賞《我的祖國》，就能明瞭史麥塔納有多麼熱愛祖國。如同前述，令人感嘆的是這首精彩動人的曲子竟然是史麥塔納失聰後的作品。更令人驚嘆的是，此曲亦是他的至高傑作。或許這是他失聰後，初次聽到的東西也說不定。

史麥塔納晚年深為眩暈、幻覺所苦，據說還出現失憶症狀，六十歲那年住進精神病院，也在那裡走完人生。他被診斷罹患「失智症」，也有一說是感染梅毒。

史麥塔納是捷克國民音樂的先驅。知名樂評家哈羅德·C·荀貝格（Harold Charles Schonberg）曾說：

「史麥塔納是創作捷克音樂的大師，將捷克音樂發揚光大的則是德弗札克。」

捷克出身的指揮大師

《我的祖國》的名盤，可說幾乎都是出自捷克出身的指揮大師之手。

這首曲子是庫貝利克（Rafael Kubelík）的拿手曲目，也錄製過好幾個版本。其中以指揮波士頓交響樂團（Boston Symphony Orchestra）的演奏拿捏最為精準，精彩絕倫。他在於捷克舉行的「布拉格之春國際音樂節」（Prague Spring International Music Festival）指揮捷克愛樂的現場錄音也是不容錯過的名演。順道一提，每年「布拉格之春國際音樂節」的開幕曲都是《我的祖國》。

安賽爾也是深愛這首曲子的指揮家，留下好幾種版本的錄音。逃亡之前，他指揮捷克愛樂的現場演奏可說魄力十足、雄渾壯闊。

其他像是瓦茲拉夫・紐曼（Václav Neumann）、斯米塔謝（Václav Smetáček）也留下好幾種精彩無比的錄音版本，以上四人皆為捷克出身的指揮家。

只錄製《莫爾道河》的指揮家非常多，名盤也不少。無論如何都不容錯過的是生於十九世紀的德國指揮家福特萬格勒指揮維也納愛樂的演奏，絕對是一流的精彩演出，從一開始便讓聽者進入莫爾道河的世界，再也沒有比這版本更充滿神秘氛圍的《莫爾道河》了。

百田尚樹私房推薦錄音版本

指揮：福特萬格勒
維也納愛樂
（收錄《莫爾道河》）
一九五一年錄音

第十九曲

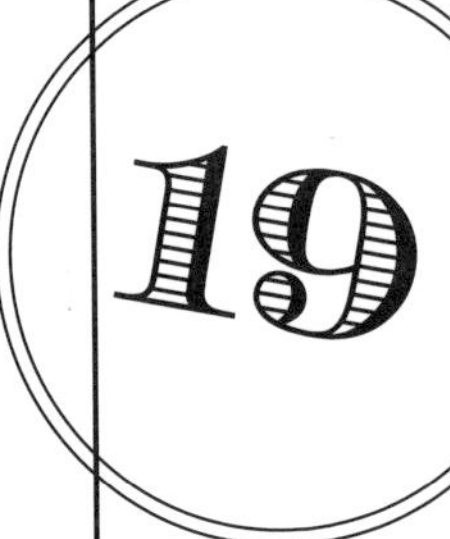

莫札特 第二十七號鋼琴協奏曲

掙脫現世悲苦的曲子

MUZIK AIR 全曲收聽：
https://muzikair.page.link/eqc6

最後一首鋼琴協奏曲

我認為莫札特（一七五六～一七九一年）的神髓盡在歌劇，但鋼琴協奏曲也是同樣精彩。坦白說，比起交響曲，他的鋼琴協奏曲更臻於完美。

莫札特幾乎都是受人之託而作曲，所以他會配合委託的演奏家、歌手的程度來作曲，因此創作出許多難度不會太高的名曲，堪稱是一流「專業人士」。好比K545的C大調鋼琴奏鳴曲，是擔任鋼琴家庭教師的莫札特為女學生所寫的曲子，是一首適合初學者彈奏的簡單奏鳴曲，也是現今一流鋼琴家都曾認真練過的曲子。還有莫札特晚年傑作《魔笛》，有著讓當代女高音歌手視為一大挑戰、需要絕佳技巧的詠嘆調，是為了擔綱首演的席卡內德（Emanuel Schikaneder）劇團的歌手而寫的作品。

不過，他的鋼琴協奏曲不是為了別人所寫，除了孩提時代的試寫譜等幾個例外，大多是為了自己的音樂會創作。

也就是說，他自己指揮、自己演奏，展現自我的音樂性與琴藝，絲毫感受不到任何遷就委託者喜好與演奏家技巧的地方。說得極端一點，鋼琴協奏曲才是莫札特真正想寫的曲子。

事實上，他從十幾歲開始就寫出非常精彩的鋼琴協奏曲，二十幾歲便創作了同時代作曲家難以匹敵的名曲，二十九歲時寫了第二十號D小調（K466）這首鉅作；與此同時，還寫了第二十一號（K467）這首美得令人驚嘆的曲子。同年，又寫了第二十二號（K482），翌年創作了第二十三號（K488）令人驚豔無比的傑作。接著隔年推出的第二十四號（K491）讓其創作生涯臻於頂峰。無奈這首曲子因為過於晦暗，不被當時的聽眾接受，莫札特的名聲也就越來越衰退。

這一年的歲末，莫札特寫了第二十五號（K503），幡然一變為華麗雄渾的曲子。知名音樂學家阿爾佛德・愛因斯坦（Alfred Einstein）稱這首曲子是「足以媲美《朱彼特交響曲》的傑作」，也是不遜於前一首第二十四號的出色作品。之後，莫札特整整一年沒寫過鋼琴協奏曲，因為就算他想開演奏會，也沒有什麼聽眾青睞。

莫札特三十四歲時，帶著新作第二十六號（K537）與第十九號（K459）的樂譜，出席於法蘭克福舉行的利奧波德二世（Leopold II）的加冕禮，順道舉辦他的個人演奏會，沒想到還是吸引不了聽眾。為了維持生計，也為了挽回頹勢，莫札特借錢籌措旅費的這趟遠行卻是以鉅額負債收場。

這時，莫札特寫給妻子的信可說字字血淚，讓人不忍卒睹，信上寫道：

「我的淚不斷滴落在寫給妳的這封信上，實在提不起精神來……抓住囉……好多飛吻圍繞著我哦……可惡……根本是飛吻軍團嘛！哈哈哈……總算有三個……我抓住囉……這東西是多麼珍貴……」（石井宏／翻譯）

眼前彷彿浮現邊啜泣、邊開玩笑的莫札特身影。這時的他已時日無多，一年後告別人世。

此外，有人認為第二十六號的內容不如第二十號以後的傑作，我倒不認為。雖然這確實是一首為了迎合當時維也納聽眾口味而譜寫的曲子，但我覺得是一首華麗名作。

翌年，莫札特受友人單簧管演奏家約瑟夫．比爾（Joseph Beer）的委託，舉行音樂會，因此譜寫新作第二十七號（K595）的鋼琴協奏曲。這場音樂會是最後的絕響，這首曲子也成了他的最後一首鋼琴協奏曲。接下為各位介紹一番。

夢見天國的音樂

第二十七號有別於其他鋼琴協奏曲，少了第二十號那種戲劇張力，也沒有第二十一號那麼感官，不似第二十二號的愉悅，也沒有第二十三號如此甜美；當然，也沒有第二十四號的晦暗、第二十五號的雄渾壯闊與第二十六號的華麗非凡。

第二十七號像是褪去所有色彩般，充滿透明感，十分不可思議的曲子。此外，樂團的編制也不大，十分簡約俐落；再者，也看不到任何展現華麗鋼琴技巧的部分，可說是以十分單純的樂音淡淡地演奏著，絲毫感受不到莫札特年輕時頻頻展露的嬌氣與玩心。

這首作品和其他莫札特告別人世那年所做的曲子一樣，鳴響著讓人想稱為「枯淡境界」的靜謐音樂，像是單簧管協奏曲、第一號法國號協奏曲、合唱曲《聖體頌》（Ave, verum corpus）、歌劇《魔笛》等都是如此（只有因為驟逝而未完成的《安魂曲》稍微不一樣）。

這一年，莫札特的財務狀況更窘困，健康又亮起紅燈；縱然如此，他還是拚命想扭轉生活困境，對未來懷有夢想。然而，他的內心深處預感自己恐怕時日無多了。若非如此，沒理由在臨終之際，突然寫出一首首清澄非凡的作品。

第一樂章讓人聯想到秋日天空，那是稱為蒼穹的蔚藍晴空。整體雖是大調，卻充滿哀愁氛圍。樂團絕不咆哮，鋼琴也沒炫技，有種像是封印了鋼琴協奏曲最華麗盡顯的部分。發展部只有一瞬間是小調，旋即轉為大調，但哀愁氛圍依舊不變。在小提琴如抽咽般的伴奏中，鋼琴不斷宣洩的表現手法，著實緊揪著聽者的心。

第二樂章的甚緩板（Larghetto，標示音樂的速度之一。有「寬廣」的意思，也就是比「最緩板」（Largo）稍微快一點的意思）。像是幼童一個音、一個音地敲著琴鍵，非常樸素的音樂，卻也是天才莫札特的音樂。

第三樂章的輪旋曲（重複同樣旋律的形式）是輕快清朗的音樂。這主題聽起來像是孩子們在天堂蹦蹦跳跳、愉快嬉戲的光景，別有一番天真無邪的明快氛圍；但仔細聆聽，就會發現並非如此。這處天堂只是莫札特想像的世界，只是他夢見的天國情景，身處悲苦現世的他只能在想像世界中追求愉悅。第二十七號常被稱為「來世的音樂」，因為這是一首彷彿超脫悲苦塵世的曲子。

莫札特寫完這首曲子之後，便將第三樂章的主題用於《嚮往春天》（Sehnsucht nach dem Frühling，K596）這首歌曲的旋律。歌頌無限憧憬溫暖春日的這首曲子，活脫脫就是莫札特的心境，不是嗎？前面提及的音樂學家阿爾佛德．愛因斯坦曾說：「如此開朗愉悅是莫札特自覺這將是自己人生的最後一次春天。」事實上，莫札特還來不及迎接美好春日便驟逝。

題外話，日本歌謠《早春賦》（そうしゅんふ）的旋律和《嚮往春天》的旋律很像，或許是作曲家想對莫札特的《嚮往春天》表達敬意。另外，《知床旅情》（しれとこ旅情）的旋律和「早春賦」也很像。

莫札特很難得地在第一樂章和第三樂章為自己寫了裝飾奏。雖然裝飾奏是讓鋼琴家展現精湛琴藝的獨奏部分，但這首的裝飾奏卻絲毫沒有這樣的表現，只是順著音樂的流向，自然流洩著。我想，這首協奏曲也許是莫札特為自己，而非為觀眾而寫。

表現出有如無盡深淵的孤獨

莫札特的第二十七號鋼琴協奏曲有許多珍貴的名盤。應該說，若是一流鋼琴家演奏的話，絕對有一定水準，畢竟光是曲子本身就很精彩動人。不過，我還是要私心推薦幾片自己鍾愛的ＣＤ。

但我想先說明一件事，那就是莫札特小時候彈奏的琴並非鋼琴，而是大鍵琴（Cembalo），所以早期的鋼琴協奏曲其實是大鍵盤協奏曲；雖然他青年時期彈奏的是近似鋼琴的小鍵琴（Clavichord），但莫札特應該是二十幾歲時，才用鋼琴彈奏。當時的鋼琴（稱為古鋼琴，Fortepiano），無論是音域還是音色，都和現代鋼琴截然不同；雖然現今流行用當時的樂器（小鍵琴或古老的古鋼琴）演奏莫札特的鋼琴協奏曲，最近也推出用這種樂器演奏的錄音版本，但我個人認為用現代鋼琴的演奏絕對精彩許多。這裡介紹的CD都是用鋼琴彈奏。

鋼琴家柯爾榮（Clifford Curzon）與布瑞頓（Benjamin Britten）指揮英國室內管弦樂團（English Chamber Orchestra）的演奏完美無瑕，無論是樂團還是鋼琴的表現可說展現「極致之美」。

鋼琴家內田光子與傑弗里・泰特爵士（Jeffrey Tate）指揮英國室內管弦樂團的演奏也很精彩，樂團的纖細表現與優美琴聲，將這首曲子詮釋得絲絲入扣。

鋼琴家卡薩德修斯（Robert Casadesus）與喬治・塞爾指揮克里夫蘭管弦樂團的演奏，充分展現莫札特晚年那有如無盡深淵的孤獨與寂寥感。

鋼琴家布蘭德爾與馬里納爵士指揮聖馬丁室內樂團，顧爾德與阿巴多指揮維也納愛樂；吉利爾斯與卡爾・貝姆指揮維也納愛樂的演奏亦十分出色。

倘若不在意錄音品質，鋼琴家哈絲姬兒（Clara Haskil）與弗利克賽指揮柏林愛樂的演奏非常值得一聽；雖然演奏速度偏快，但哈絲姬兒有如大珠小珠落玉盤的琴聲著實美得令人屏息。

此外，也有不少鋼琴家一邊彈琴，一邊指揮這首曲子，像是阿胥肯納吉（Vladimir Ashkenazy，指揮愛樂管弦樂團）、普萊亞（Murray Perahia，指揮英國室內管弦樂團）、巴倫波因（指揮柏林愛樂）的CD也很推薦。

百田尚樹私房推薦錄音版本

鋼琴・指揮：克里斯托夫・艾森巴赫（Christoph Eschenbach）

倫敦愛樂

一九七八年錄音

第二十曲

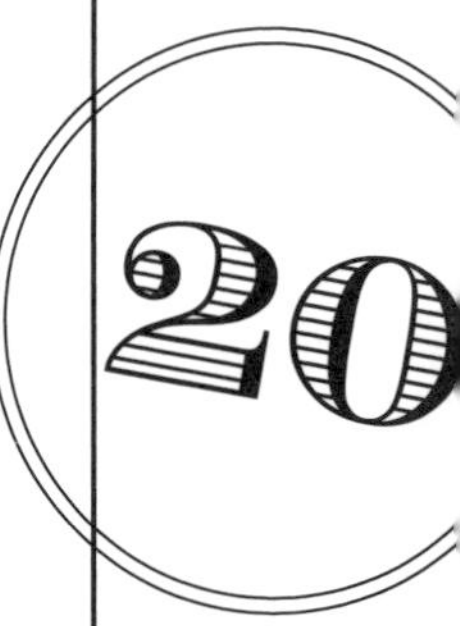

貝多芬《狄亞貝里變奏曲》

雄渾莊嚴的鉅作

MUZIK AIR 全曲收聽：

https://muzikair.page.link/iksc

為何從十幾歲便身為耳疾所苦

貝多芬（一七七〇～一八二七年）一生鍾愛鋼琴。

他原本想成為歐洲頂尖的鋼琴家，十六歲時特地從波昂到維也納發展，成為大受歡迎的新銳鋼琴家。當時經常舉辦鋼琴家對決的活動，貝多芬可說百戰百勝。

全速在勝利道路上奔馳的貝多芬卻在二十幾歲時失聰，這對於音樂家來說，是多麼致命的打擊，更何況公諸於世人。他偷偷接受治療，卻無法阻止疾病惡化。二十幾歲的他自覺已經不可能治癒，遂放棄演奏家這身分。對於音樂的熱情讓他打消自殺的念頭，決心走上作曲家這條路。

一般認為貝多芬是二十幾歲時罹患耳疾，但我認為應該是十幾歲時吧！因為據說年少時期的貝多芬經常陷入所謂的「忘我」狀態（Raptus，過於專注一件事物的狀態），周遭人叫他，他都沒有回應。雖然有一說是因為他的專注力異於常人，但我想會不會是那時就已經失聰呢？他也曾公開說：「我時常陷入忘我狀態。」或許這是一種「偽裝」（camouflage）手法。倘若真是如此，貝多芬抱著多麼不安與恐懼的心情，度過青春歲月啊！

鋼琴這項樂器越來越發達

放棄成為鋼琴家的夢想、決定步上作曲家之路的貝多芬，一生持續不輟創作的就是鋼琴奏鳴曲，高達三十二首鋼琴曲可說遙遙領先其他曲子類型。其他類型的曲子就算某個時期的產量很多，也有中斷期或是過了中年就不再譜寫，好比交響曲，他在創作初期可是連一首都沒寫過。

貝多芬之所以始終都在創作鋼琴奏鳴曲，是因為他最愛的樂器就是鋼琴。據說另一個理由是拜鋼琴這樂器越來越發達的緣故。鋼琴在莫札特身處的時代，正要迎接黎明期到來，之後便急速進化，不但音量變大、鍵盤數增加，音色也跟著變得豐富多元，表現力盡情擴展。接觸到新型態鋼琴的貝多芬不斷譜寫鋼琴奏鳴曲；對他而言，鋼琴是最能表達自我音樂的理想樂器。

然而，他的音樂表現力顯然已經不是鋼琴能夠滿足，就連他深深信賴的鋼琴也有無法表達他的音樂之時。貝多芬於五十一歲時完成最後一首鋼琴奏鳴曲，還留下這麼一句話：「今後，這個不夠完美的樂器也將折磨許多作曲家吧！」後來，直到他五十六歲告別人世為止，沒再寫過鋼琴奏鳴曲。附帶一提，這首第三十二號鋼琴奏鳴曲，完美出色到讓人懷疑莫非是出自鋼琴之神的手。

初聽時，讓人覺得很難入耳的曲子

前情提要稍嫌冗長，這次要介紹的曲子是貝多芬寫的最後一首鋼琴奏鳴曲《狄亞貝里變奏曲》，而且是一首超過五十分鐘的鉅作。那麼，為何貝多芬要譜寫這麼一首如此龐大的作品當作鋼琴奏鳴曲的畢業作品呢？

貝多芬之所以創作這首曲子，是因為在維也納經營樂譜出版的安東·狄亞貝里（Anton Diabelli）提出一個構想，那就是請當時活躍於維也納的五十位音樂家，分別以他創作的華爾滋旋律為主題寫一首變奏曲，再彙整成一首龐大曲子。貝多芬基於人情也接受了邀約，但他實在不喜歡狄亞貝里寫的華爾滋主題，所以遲遲沒有譜寫（據傳貝多芬曾嘲諷這個主題是「鞋店的補丁」）。

無奈他拗不過狄亞貝里的百般要求，只好勉力一試，沒想到觸發他內心的開關。對方明明委託他寫一首變奏曲，貝多芬卻一寫就停不下來，結果完成由三十三段變奏組成的龐大曲子。

而且貝多芬的這首變奏曲不是在主題綴飾各種樂音的「裝飾變奏」，而是從主題抽出動機，就連旋律與速度也自在變化，不斷催生出各種旋律的獨特作品。貝多芬從年輕時就很擅長創作這種稱為「性格變奏」（Characteristic variation）的東西。於是，在他即將迎向人生終點站之際，將一輩子習得的鋼琴技法寫成這首《狄亞貝里變奏曲》。這是一首足以與巴赫的《郭德堡變奏曲》相提並論，古典音樂史上的偉大傑作。

不過，有件事想先說明，初次聆賞的人大多覺得這首曲子很無趣。

明明是首超過五十分鐘的曲子，卻有點讓人摸不著頭緒；而且各段變奏曲不但沒那麼平易近人，還是由晦暗苦澀的旋律與複雜的對位法交錯構成。就算是對古典音樂有一定程度了解的人，初聽時應該也會覺得很難入耳；不過只要深入聆賞，我敢斷言這是一首會讓人感動的精彩曲子。十九世紀的偉大鋼琴家馮・畢羅對於這首曲子，曾下過如此註解：

「這首曲子不但凝聚貝多芬的一切才華，也結集了音樂世界的要點，雄渾有力地訴說著音樂構想與想像力的無限開展，體現最高尚、深遠的思想，到最奔放的戲謔，彷彿是永不乾涸的泉水，帶給我們無盡的養分。」

順道一提，這首曲子和狄亞貝里當初的企劃理念迥異，是以貝多芬的作品單獨出版。翌年，這首狄亞貝里變奏曲以《祖國藝術家聯盟》（Vaterländischer Künstlerverein）的第一本為名義再次出版，第二本則收錄其他五十位音樂家的作品。

不是變奏，是「變化」

狄亞貝里的華爾滋主題短短不到一分鐘，卻在前半段、後半段反覆演奏；雖然這段旋律被貝多芬批評得一文不值，但其實這段旋律還蠻有魅力、頗吸引人，搞不好貝多芬其實很喜歡這個主題吧！

但是從第一變奏開始就是貝多芬的世界，從三拍子變成四拍子，出現強而有力的雄渾旋律，從這裡開始的音樂進入堪稱宇宙的廣闊深遠世界。

接著又陸續出現變奏曲，因為沒有足夠篇幅可以逐一介紹，所以只能描述整體印象。這首變奏曲沒有任何曲子的影子，顯現出萬花筒般的繽紛世界，這已經是超越變奏曲的一種概念。貝多芬自己也認為這首曲子並非單純的變奏曲，證據就在於曲子的標題不是變奏（Variationen），而是變化（**veränderungen**）。這首曲子的正式名稱為《根據狄亞貝里的華爾滋創作的三十三段變化》（33 Veränderungen über einen Walzer von Diabelli）。

貝多芬一向秉持嚴謹的態度譜寫鋼琴奏鳴曲，但感覺他是抱持輕鬆心情創作這首曲子，甚至帶了點玩心。第二十二段變奏加入莫札特的歌劇《唐．喬凡尼》中，雷波列羅（Leporello）的詠嘆調。這段詠嘆調是描述雷波列羅哀嘆總是被主人唐．喬凡尼呼來喚去，貝多芬藉著《狄亞貝里變奏曲》嘲諷自己被迪亞貝里催稿的窘況。

這首變奏曲的最後部分，亦即從第二十九段變奏開始，音樂幡然一變，幽默與詼諧感被藏起，還從大調轉為小調，音樂彷彿再次踏入神秘森林，意味著貝多芬晚年踏入的奧妙深邃世界。

第三十段變奏又回復開朗、明亮，緊接著的第三十一段變奏再次轉為小調，奏起「悲傷」也不足以形容、哀切至極的旋律，嗅不到任何開頭主題的魅力。這段輕靈玄妙的變奏曲可說是這首曲子中最長的一段。

接著第三十二段變奏出現賦格。晚年的貝多芬想要挑戰什麼似地在這裡用了賦格，讓人感受到他想挑戰的企圖心。賦格結束後，又回到神似主題的可愛華爾滋變奏曲。這段華爾滋彷彿瞧見天真無邪的孩子在天堂玩耍的情景，曲子以明亮的和弦落幕。

每次聽完這首曲子，我都會呆怔半晌。這是什麼樣的世界，如此神秘——。我甚至覺得這首曲子代表貝多芬的一生吧！

勇於挑戰的著名鋼琴家們

這首曲子的名盤多到令人詫異，青史留名的著名鋼琴家們無不拿出全付心力挑戰這首龐大曲子，所以光看他們專注彈琴的身影就很感動。

李希特曾在音樂會上演奏過好幾次這首曲子，也留下幾個現場錄音版本，每一場都是令人嘆為觀止的名演。

許納貝爾、巴克豪斯、塞爾金、阿勞（Claudio Arrau León）的演奏也是只能以「偉大」一詞形容。

我最喜愛的是顧爾達的演奏，以稍微快一點的速度演奏出俐落機敏感，氣勢也很宏偉，表現出令人目眩的世界，簡直是奇蹟般的名演。在所有《狄亞貝里變奏曲》的CD中，我最愛聽的就是這一張，喜愛到難以難以言喻。

其他像是波里尼、巴倫波因、阿胥肯納吉的演奏也很精彩。

布赫賓德的這張CD，雖然收錄了其他作曲家的變奏曲，但即便是同一個主題，依作曲家的不同、變奏的方式也不一樣，非常有趣。當然布赫賓德的演奏也是不容錯過的名演。

百田尚樹私房推薦錄音版本

鋼琴：安德佐夫斯基（Piotr Anderszewski）

二〇〇〇年錄音

第二十一曲

21

舒伯特

第十九～二十一號鋼琴奏鳴曲（遺作）

作曲家描述自己即將告別人世的心境

MUZIK AIR 全曲收聽：

https://muzikair.page.link/pm9t

只花三個月便創作出三首曲子

要是問我古典音樂史上，哪個男人創作的鋼琴曲最美，我會毫不猶豫地回答舒伯特（一七九七～一八二八年）。

舒伯特的鋼琴曲有著宛如美之神降臨般美妙的旋律，時而優美、時而澎湃，甚至帶著抽咽的感傷。他的即興曲與《樂興之時》（Moments musicaux）的小品，可說充分展現這股魅力。聆賞舒伯特的鋼琴曲，總會讓我感嘆鋼琴這樂器為何能奏出如此美麗的聲音。

不過，這樣的舒伯特卻對於譜寫由多個樂章構成的鋼琴奏鳴曲，深感棘手。尤其年輕時的他往往寫到一半就寫不下去了，所以留下不少未完成之作；直到他慢慢地累積作曲實力，才陸續催生帶著柔美抒情性的鋼琴奏鳴曲。到了晚年（其實也不過才二十幾歲），他甚至創作出連貝多芬也無法描寫的獨特、不可思議的世界。

這次介紹的是舒伯特去世前幾週，一氣呵成寫出來的三首鋼琴奏鳴曲。

一般稱為第十九號～第二十一號鋼琴奏鳴曲，也有人說是「遺作」。這三首描寫的是舒伯特到達的世界，每一首都是令人嘆為觀止的傑作，而且只花了一個月就陸續完成，著實令人難以置信；而且這三首曲風不一，只能說是天才的光芒。我從這三首曲子感受到莫札特晚年也是一口氣完成最後三首交響曲（第三十九～第四十一號）的感覺。而且舒伯特這三首鋼琴奏鳴曲也是聽起來好像朝著什麼前行，那是什麼呢？就是——「死亡」。

第十九號——籠罩著死亡陰影的第四樂章〈塔朗泰拉舞曲〉

第一首，也就是第十九號C小調鋼琴奏鳴曲，堪稱是舒伯特譜寫的鋼琴奏鳴曲中，曲風最激烈、高漲，像要與不幸命運激戰的曲子。

第一樂章從彷彿突如其來似的和弦開始，混雜著怒氣與哀愁，有如被黑暗情慾支配的樂章。

第二樂章的徐緩樂章是這首曲子唯一的大調樂章，具有緩和作用，但還是抹不去不安穩感。第三樂章雖然是優雅的小步舞曲，卻有種即將破滅的預感，有點令人毛骨悚然的音樂。

第四樂章是撩撥不安心緒的塔朗泰拉舞曲（Tarantella）。塔朗泰拉舞曲是指被毒蜘蛛啃咬時，為了去除毒素、必須一直跳舞的舞曲；還有一說是因為毒發太痛苦，所以跳舞跳到瘋狂而死。第十九號鋼琴奏鳴曲亦然，「死亡」的陰影籠罩這個樂章。

第二十號——即便再怎麼呼喊，再怎麼祈求，也得不到回應

第二首的第二十號A大調鋼琴奏鳴曲是謎般的曲子，也是我認為三首遺作中，最能充分表現舒伯特這位作曲家令人深感不可思議的一面。

第一樂章和第十九號一樣，也是從激昂的曲調開始，不時流露舒伯特特有的細膩感，雖然是大調卻飄散著哀愁氛圍。

第二樂章是徐緩樂章，寂寥的旋律流洩著，中段出現令人毛骨悚然的曲風，旋即因為出現幻想般的樂音而消失。第三樂章詼諧曲是讓鋼琴家炫技的華麗曲風。

我最喜歡第四樂章，說是偏愛也無妨。主題宛如搖籃曲般充滿溫柔、慈愛，讓人不禁想大喊：「就是這個！這就是舒伯特！」曲子進行到中段時，突然表現出另一種風貌，這段可說是筆墨難以形容的精彩。該說是在向誰祈求、呼喊？還是向誰懇求什麼呢？不，不是的，聽起來像是兩個人在交談著沒有答案的問題。我很氣自己只能用這麼拙劣的言詞來形容，總之，我從沒聽過如此不可思議的音樂，也想不到有任何類似的曲子，總覺得舒伯特的作品中再也沒有比這首更玄妙的曲子。

就在對於如此呼喚、祈願都沒有答案的情況下，宛如搖籃曲的旋律再次登場。縱然是以明朗曲風劃下句點，聽者的心情卻非如此——。

第二十一號──讓人感覺「一切都結束」的曲子

第二十一號降B大調是舒伯特的最後一首鋼琴奏鳴曲，無論是誰聽到這首曲子，都會有種之後怕是再也無法寫出任何作品的感覺吧！總之，這首曲子就是給人「一切都結束」的感覺。

第一樂章始於寧靜優美的旋律、卻不像舒式風格的「歌」，而是凝重的苦悶感；雖然很美，卻飄散不祥的氣息，然後突然出現讓人聯想到「死亡」的恐怖顫音與和弦。我想，應該沒有人聽到這一段不會心頭發毛吧！有一種原以為是待在美麗的花園，沒想到突然被拋至黑暗世界的感覺。緊接著的發展部與再現部是滿溢悲傷的曲子，聽得出來舒伯特相當恐懼「死亡」一事。

雖然這個樂章標記的是「穩定適中」（molto moderato）這個速度記號，但不同鋼琴家演奏的速度也不一樣，有人十幾分鐘就彈完，也有人花了超過二十分鐘才彈完，甚至有人花上將近三十分鐘。當然，無論是什麼樣的曲子，演奏時間會依鋼琴家的不同，多少有些差異，但很少差異如此之大；換言之，這是一首依不同演奏家，詮釋出來的風格也不一樣的曲子，也是這個樂章的特色。

第二樂章的徐緩樂章或許可稱之為「冥界的音樂」，也就是描述「死亡」一事，彷彿瞧見亡者緩緩前往另一個世界的模樣。這個人是誰？——就是舒伯特。事實上，他寫完這首曲子後過了幾個禮拜，年僅三十一歲便告別人世。

第三樂章的詼諧曲與第四樂章的輪旋曲，有別於前面兩個樂章，曲風十分開朗；但我還是聽不到打從心底湧現的開朗感，只覺得像是壓抑著悲傷、勉強擠出笑容的音樂。最後兩個樂章的演奏時間共計十幾分鐘，相較於前面兩個樂章加起來超過二十～三十分鐘，比例頗懸殊。其實就音樂性而言，只須兩個樂章就很精彩了。也許舒伯特寫完第二樂章就已經用盡全力了吧！

或許我這麼寫，會惹惱喜歡這首曲子的人；但我總覺得要是舒伯特只寫到第二樂章，留下一個未完成的作品，那麼古典音樂史上就會有一首「未完成奏鳴曲」。

這三首曲子都在舒伯特去世後十多年，才付梓出版。

「臨終時，想要演奏舒伯特的曲子」

不少鋼琴家都能以高水準完美詮釋這三首曲子。布蘭德爾錄製過兩個版本，新舊都堪稱完美無瑕。波里尼年輕時錄製的版本堪稱完美。內田光子喜歡舒伯特的作品，喜歡到曾說：「臨終時，想要演奏舒伯特的曲子。」她的演奏讓音樂聽起來彷彿徬徨於幽玄世界。其他像是巴倫波因、席夫（Schiff András）、肯普夫的演奏也很出色。

若是個別推薦的話，第十九號的推薦版本是李希特，他的演奏堪稱無可非議的精彩，強而有力、活力四射。聽說他很喜歡這首奏鳴曲，也演奏過無數次、錄製過好幾次。雖然在設備完善的錄音室錄製很棒，但聆賞氣勢十足的現場演奏更富魅力。

塞爾金演奏第二十號的版本，予人深沉感動。尤其是終樂章，彷彿能聽見舒伯特的靈魂在吶喊。

第二十一號也是以李希特的錄音版本最精彩。雖然李希特花了超過二十四分鐘、從容不迫地演奏第一樂章（要是布蘭德爾的話，可能不到十五分鐘就演奏完畢），但整體感覺還是非常緊湊。第二樂章也是以震懾人心的樂音展開，飄散著異樣氛圍，表現出曲子中鬼魅氣息的恢弘演奏。

李希特也有留下幾個現場演場的錄音版本，每一場都是精彩絕倫的演奏，尤其是一九五七年於莫斯科舉行的演奏會，讓偶然造訪蘇聯的顧爾德（Glenn Gould）一聽驚嘆不已。完美詮釋第十九號與第二十一號的李希特，不知為何卻沒有現場演奏過第二十號鋼琴奏鳴曲。

塞爾金也有留下錄音室與現場演奏的錄音版本，當然都是不容錯過的演奏。柯爾榮的演奏速度相當快，卻能充分表達這首曲子的哀愁感。

比較特別的是，壯年時期的霍洛維茲（Vladimir Horowitz）於卡內基音樂廳（Carnegie Hall）的現場演奏錄音，讓人感受到狂傲之氣，展現這首鋼琴奏鳴曲的另一種風貌。

俄羅斯鬼才鋼琴家阿方納席耶夫（Valery Afanassiev，他是詩人，也是作家）的演奏，則是將這三首曲子以超乎常規的慢速度演奏（第二十一號第一樂章的演奏時間超過二十八分鐘），雖然不少人都給予極高評價，但我覺得稍嫌遲緩。這麼說或許對於阿方納席耶夫的粉絲很不好意思，我覺得他的遲緩並不像李希特那樣不失緊湊。

百田尚樹私房推薦錄音版本

鋼琴：瑪利亞・若昂・皮耶絲（Maria João Pires）

一九八五年錄音

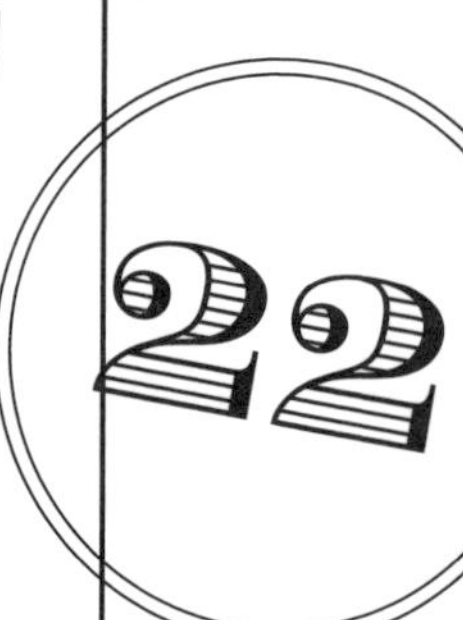

第二十二曲

莫札特《安魂曲》

充滿謎團的天才最後之作

MUZIK AIR 全曲收聽：
https://muzikair.page.link/q8nK

不知受託於誰，也不知是為誰寫的曲子

莫札特（一七五六～一七九一年）三十五年的人生，包括斷簡殘篇在內，一共創作超過九百首曲子；且作品種類多元，幾乎任何領域的曲子都能寫，絕對是音樂史上的頭號天才之一。他的短暫人生只為了催生出精彩動人的音樂而活。

如此不凡的天才，人生最後一首曲子竟然未完成，著實令人唏噓不已，而且這首曲子就是《安魂曲》（為亡者而寫的安魂彌撒曲）。

關於這首曲子，有個詭異的傳言。

一七九一年八月，莫札特正在譜寫歌劇《魔笛》的某個夜晚，有個一身灰衣、身形瘦削的陌生男人來找他。男人說「自己是奉某人之命來找莫札特，委託他寫一首安魂曲」；正忙於創作《魔笛》的莫札特先是拒絕，後來屈服於高額的預付金，接受了這份委託。當時的他接不到什麼收入豐厚的工作，正為經濟所困。

但是男人提出奇怪的條件，那就是「不能問委託者是誰」，也不能問「是為誰寫的安魂曲」，莫札特倒也不介意這種事就是了。

莫札特於九月寫完歌劇《魔笛》後，開始著手創作安魂曲，但這時他的健康開始出狀況，十一月時幾乎臥病在床；縱然如此，躺在病榻上的他依然在創作安魂曲。

不久，莫札特陷入某種妄想。他一直認為那個身穿灰衣，委託他創作這首安魂曲的男人是冥界來的使者，而這首安魂曲正是為自己所做，亦即這是一首為了安撫即將告別人世的莫札特靈魂而做的曲子，所以必須親手完成這首曲子才行——。

雖然臥病在床的莫札特拚命寫曲，無奈十二月五日，還來不及完成曲子的他告別人世，享年三十五歲。

地方貴族的無聊惡作劇

雖然是讓人有點毛骨悚然的小故事，但當然不可能是來自陰間使者的委託。現今不但查出那個灰衣男子是誰，也曉得委託者是誰。委託莫札特創作安魂曲的是一位地方貴族，名叫法蘭茲・馮・法爾賽格（Franz von Walsegg）伯爵，灰衣使者則是伯爵的友人，名叫萊多蓋普（Anton Leitgeb）。

法爾賽格伯爵是音樂愛好者，卻也是出了名的喜歡捉弄別人。他常以匿名為條件，委託知名作曲家譜曲，然後對外宣稱是自己的作品。委託莫札特創作安魂曲便是一例，那年年初，伯爵為了悼念亡妻，想要發表自己創作的安魂曲。

每個時代都有這種喜歡突顯自我存在感的傢伙。諷刺的是，若非法爾賽格伯爵這番惡作劇，也不會催生出這首安魂曲。

雖然只是謠傳的小故事，但那時莫札儘管已經病重到根本起不來，還是指示弟子蘇斯邁爾（Franz Xaver Süssmayr）怎麼譜曲；甚至臨終時，還交待安魂曲的定音鼓部分要怎麼表現，他的小姨子在信上提到這件事。

究竟有多少是出自莫札特之手？

本來這首曲子應該是未完成的作品，但莫札特溘然長逝後，這首安魂曲經歷了曲折奇妙的命運。

遺孀康絲丹采（Constanze Mozart）正為家計愁苦，又得返還這首安魂曲的預付金；倘若能完成這首曲子，不但不用返還預付金，還能拿到剩下的報酬。

於是，她拜託丈夫的弟子雅各布（Franz Jakob Freystädtler）幫忙，但他只依莫札特的指示，編寫合唱聲部的木管與弦樂器部分。康絲丹采又拜託丈夫的朋友，也是作曲家艾布萊（Joseph Leopold Eybler）幫忙完成這首曲子，但艾布萊做到一半便放棄了。有一說是，他太欣賞莫札特的才華，覺得自己實在沒這能力完成。

不知如何是好的康絲丹采只好拜託也是丈夫的弟子蘇斯邁爾，《安魂曲》終於在他的手上完成了。康絲丹采將總譜交給萊多蓋普，也拿到剩下的報酬。那麼，為何康絲丹采一開始不先拜託蘇斯邁爾呢？關於這件事可說眾說紛紜，礙於篇幅，在此不便贅述。

法爾賽格伯爵於一七九三年十二月，在維也納教會親自指揮由「法爾賽格伯爵」作曲的安魂曲。若是就這樣結束的話，或許這首曲子會被當作是無名音樂愛好者的作品，埋沒於歷史洪流中。

康絲丹采可是留了一手。她將總譜交給伯爵之前，抄寫了一份，後來以莫札特作品為名交由出版社出版，拿到一筆錢，也因此和伯爵起糾紛。

事情要是到此為止，《安魂曲》應該就是莫札特的最後之作，但事情非但沒落幕，反而變得更棘手。蘇斯邁爾得知康絲丹采將這首曲子以莫札特的名義出版時，馬上宣稱「這首曲子是由他補遺完成」。

結果，《安魂曲》成了莫札特與蘇斯邁爾的共同創作，也讓許多音樂學者傷透腦筋，因為這首曲子究竟有多少是出自莫札特之手？又有多少是由蘇斯邁爾補綴而成？成了一大爭論點。

其實《安魂曲》幾乎沒留下什麼莫札特的親筆創作，因為他只完成第一首〈進堂詠〉（Introitus），還有合唱部分與和弦的大致勾勒，其中也有完全不是出自莫札特之手的曲子。

因為莫札特生前的確指示蘇斯邁爾抄寫，所以弟子主張這首曲子出自他手，也是後世之人無法否定的事實。況且有些地方確實不是莫札特的筆跡，音樂性也明顯不同；問題是，也很難釐清蘇斯邁爾的主張究竟有多少真實性。此外，若是共同創作的話，當然也包括蘇斯邁爾的原創。

關於《安魂曲》的樂譜就說明到此，畢竟這是兩百多年以來，許多專家至今也無法得出結論的難題，所以不是我這種音樂素人能夠置喙的事。

但是要身為莫札特迷的我坦白道出感想，相較於這首《安魂曲》的前半部（〈進堂詠〉、〈垂憐經〉（Kyrie）、〈繼敘詠〉（Sequentia））充滿不尋常的緊迫感，後半部（奉獻經〉（Offertorium）、〈聖哉經〉、〈降福經〉（Benedictus）、〈羔羊經〉（Agnus Dei））聽起來就不像是莫札特會有的鬆散感。一開始的〈聖哉經〉、〈降福經〉頗引人入勝，但到了一半就突然覺得無趣。

倒也不是說讓我覺得無趣的部分是出自蘇斯邁爾之手，純粹只是出於個人感想。

反覆聆賞後，只能說前半部的音樂實在很厲害。〈進堂詠〉的沉重苦悶和弦，宛如「為亡者而寫的安魂曲」，讓人很難想像這是出自莫札特之手。〈垂憐經〉的賦格則是讓人聯想到巴赫，充滿厚實感的賦格。順道一提，《安魂曲》最後的〈永恆之光〉（Lux aeterna）用了〈垂憐經〉的賦格旋律；雖然康絲丹采曾說這是莫札特的指示，但是否為真，不得而知。

總之，古典音樂史上最偉大天才的最後作品，竟是充滿謎團的曲子。看在我們這些後世之人眼中，心情還真是五味雜陳，難以言喻。

莫札特寫的最後一首是第八首〈淚之日〉（Lacrymosa），據說他只寫了八小節，便寫不下去了。聆賞這首曲子時，確實感受到抑鬱不已的悲傷。

成了名符其實的「神怒」音樂

挑選「安魂曲」的CD著實是一件非常麻煩的事，因為根據許多音樂家的研究，有各種演奏版本；而且依版本不同，樂團的配置、和弦也不一樣。也有版本是節錄較為世人熟知的曲子，且每一種版本都會冠上研究者的名字，稱為「○○版」。順道一提，現在根據康絲丹采出版的樂譜所演奏的版本，稱為「蘇斯邁爾版」。

本來要是列舉推薦盤時，依版本不同，必須加以說明，但我的學養還不足以做如此精闢分析；何況閱讀拙作的是一般讀者，所以決定捨棄過於專業的說明，試著推薦幾張名盤。

雖然華爾特指揮紐約愛樂等的版本年代湮遠，卻是衝擊人心、魄力十足的演奏，尤其是〈末日經〉（神怒之日）的氣勢更是震懾人心。彩排時，華爾特總是和樂團團員一起邊「唱」、邊指揮，所以這時的錄音還錄下他這麼指示的聲音：「這裡不必唱！」成了名符其實的「神怒」音樂。

卡爾・貝姆指揮維也納愛樂等的演奏也堪稱青史留名的名盤，雖然是有些粗暴的安魂曲，卻令人感動不已。卡爾・李希特（Karl Richter）指揮慕尼黑管弦樂團等的演奏也很推薦；李希特指揮巴赫的宗教曲時，展現宛如神降臨在他身上般的宏偉氣勢，這首安魂曲同樣也是不容錯過的名演。

以上都是「蘇斯邁爾版」，再舉幾個不一樣的版本。查爾斯・馬克拉斯爵士（Sir Charles Mackerras）指揮蘇格蘭室內管弦樂團（Scottish Chamber Orchestra）等的演奏是「列文版」（Robert Levin）；馬里納爵士指揮聖馬丁室內樂團等的演奏是「拜爾版」（Franz Beyer）；阿巴多指揮柏林愛樂等的演奏，則是「拜爾版」與「列文版」的折衷版，每一場都是無比精彩的名演。

百田尚樹私房推薦錄音版本

指揮：朱里尼

愛樂合唱團（Philharmonia Chorus）以及愛樂管弦樂團

一九七八年錄音

第二十三曲

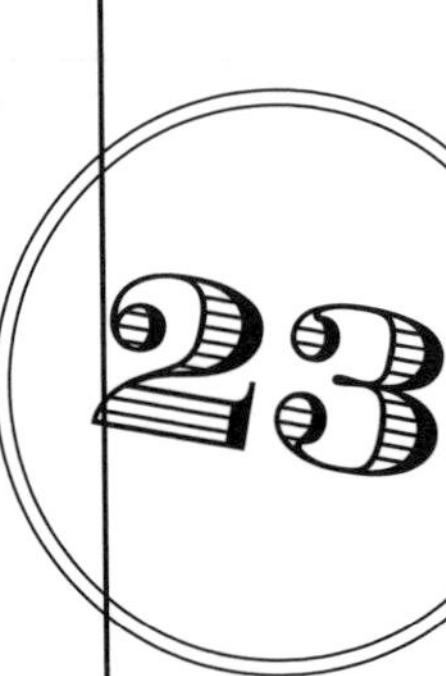

貝多芬
後期弦樂四重奏

步入遲暮之年的「無重力」音樂

MUZIK AIR 全曲收聽：

https://muzikair.page.link/K1T6

沒有苦惱、抗爭，也沒有勝利可言

貝多芬（一七七〇～一八二七年）是公認的偉大交響曲作曲家，他所創作的九首偉大交響曲好似高峰連綿的崇山峻嶺，也是古典樂的一大象徵。然而，他的豐功偉業不只交響曲，三十二首鋼琴奏鳴曲更是改寫一直以來的鋼琴奏鳴曲世界，就連鋼琴協奏曲與小提琴協奏曲也開拓古典音樂的新境地，堪稱前無古人，無來者的偉大作曲家。

貝多芬五十三歲時，創作出將他的音樂人生集大成、「帶有合唱」形式的最後一首交響曲。這時，只剩下三年可活的這位樂壇巨擘，在人生最後階段踏入非比尋常的世界。這次介紹的作品是他步入遲暮之年的弦樂四重奏。

眾所周知，貝多芬的人生可說苦難重重、波折不斷；縱使被奪去對音樂家而言最重要的聽力，但他憑著不屈不撓的精神，不斷創作出偉大的作品。然而，他的情路卻走得十分坎坷，雖然談過許多戀愛，卻遇不到能相伴一生的伴侶。

這樣的他在人生最後時光譜寫了五首弦樂四重奏（第十二號～第十六號），

而且曲風和以往的作品大相逕庭。初次聆賞這幾首曲子的人肯定會很驚訝吧！怎麼說呢？因為這些曲子既嗅不到苦惱、抗爭味，也沒有高呼勝利的喜悅，音樂就像在無重力空間中漂浮似的。原諒我只能用如此抽象的說法來形容，因為也只想得到這麼比喻如此不可思議的音樂。容許我用庸俗一點的形容詞，那就是「奧妙世界」。

或許貝多芬寫完第九號交響曲，便覺得與自己的抗爭結束了，不必再與命運較勁了，此時此刻只想和一生最愛的音樂相伴——讓人感受到他或許是抱著這樣的心情創作這幾首曲子。這五首依序是第十二號、第十五號、第十三號、第十四號、第十六號，而且越後面的作品，音樂性越深沉。接下來，逐一介紹這幾首作品。

腦中鳴響著未來的音樂

進入後期弦樂四重奏的敲門磚是非常優美的第十二號，尤其是第二樂章的變奏曲以「慈愛」這詞形容也不為過。這首曲子依舊保有古典弦樂四重奏的形式，也就是由四個樂章構成；但是從第十五號之後，便進入沒有固定形式的世界。

第十五號由五個樂章組成，雖然是一首演奏時間超過四十分鐘的大曲，卻不像交響曲的結構那般縝密，怎麼說呢？比較像是莫札特寫的嬉遊曲（Divertimento）。所謂嬉遊曲，就是貴族舉行餐宴、娛樂、社交活動、慶賀等場合時演奏的曲子，曲風明快輕妙，沒有嚴謹的形式，樂章之類的也很自由。貝多芬之前幾乎從未寫過這樣的曲子。

這首曲子的第三樂章精彩絕倫。貝多芬為這樂章下了這樣的標題：「依據利地安調式（Lydian mode），獻給治癒病者的神，充滿神聖、感謝的歌。」所謂「利地安調式」就是古老的教會旋法調（註：它起源於歐洲古代星期基督教讚美詩，是當今大小調的先驅）之一，標題的含意是忙於作曲的貝多芬總算回復健康，為了感謝神而譜寫的音樂。曲子中段標註「重獲新生力量」的明朗部分，充分表達出他的喜悅。光是演奏這個樂章就超過十五分鐘。此外，終樂章的主題旋律也讓人聯想到第九交響曲的終樂章，旋律華麗又深具魅力。

接著的第十三號則是令人嘆為觀止的傑作。我想，之所以說後期弦樂四重奏是偉大之作，應該是因為第十三號與第十四號的關係。這首曲子比前面的第十五號多一個樂章，由六個樂章構成，演奏時間也比第十五號更久。

從第一樂章開始就是充滿冥想、不可思議的氛圍，第二樂章雖然是不到兩分鐘的短短詼諧曲，洋溢異國風情的旋律卻令人印象深刻，緊接著是第三樂章、第四樂章，舞曲風格的第五樂章「短歌」（Cavatina）可說精彩無比。「短歌」是抒情的詠嘆調，這個樂章簡直美得像天堂；聆賞時，會有一種想永遠被這音樂擁抱的感覺。一想到貝多芬以往都是寫些曲風激烈、爭鬥性強的音樂，這樣的他竟然走到如此世界，我的內心就有股莫名的悸動。短歌就像靜靜沉睡似地結束，緊接著就是這世上最奧妙的謎樣樂章。

被稱為「大賦格」（Grosse Fuge）的這個樂章，在貝多芬後期弦樂四重奏中格外出色；不，應該說他的所有作品中，再也沒有比這樂章來得強烈、詭異的曲子了。初次聆賞這首曲子的人，八成會以為如此奇妙旋律、有如洪水般的不協和音（Dissonant）是二十世紀的現代音樂。

為何貝多芬寫了這麼美的短歌之後，又寫了對比如此強烈的賦格呢？我從年輕時就一直思考這問題，卻始終思索不出個所以然，只能說這首曲子絕對有其深意。怎麼說呢？因為賦格就是四種樂器奏出截然不同的音樂，可說是十分複雜的結構，必須經過精密計算；但貝多芬譜寫這首曲子時，已經完全失聰。也就是說，他只能在腦中譜寫如此複雜的賦格，而且還是演奏時間超過十五分鐘的大曲。

其實這首曲子還有個更大的謎團，據說貝多芬被周遭人說：「聽不懂這首曲子所要表達的含意。」所以貝多芬刪掉這樂章，另外譜寫曲子，完成終樂章。這種事能相信嗎？從年輕時就對自己的音樂有著絕對自信，哪怕剛完成的曲子被周遭人批評「聽不懂」，或是被演奏者泣訴「不會唱」、「不會演奏」，還是堅持不改任何音符的男人真的會這麼做嗎？

光憑這個小故事，就能明白貝多芬寫了一首這麼難以理解的曲子，卻因為被周遭人批評聽不懂而改寫的說法為何是個謎了。

當然，以下說法純粹出於我的想像，也許貝多芬的腦中鳴響著未來的音樂，也是同時代任誰都沒有聽過的音樂——而他在第十三號弦樂四重奏嘗試這個新意，卻也對自己的嘗試不是很有把握。因此，當被別人批評「無法理解」時，他就默默地抽掉這首曲子，另外寫了一首，當然沒有任何證據可以證明。

不過，他並沒有放棄這首曲子，後來以《大賦格》為名出版。這首曲子有很長一段時間，被視為「樂聖的謎樣之曲」，晦暗苦澀的曲風絕非平易近人之作。我起初也這麼認為，但深刻聆賞後，才明白這首曲子的無窮魅力，也深深為其描述的活力與廣闊無垠世界所震懾。

一直到約莫五十年前，演奏第十三號弦樂四重奏時，多是演奏後來改寫的樂章，但現在幾乎都是演奏原始版的「大賦格」。接續前面五個樂章之後，演奏「大賦格」時，我的內心著實無比感動。人們總算能夠理解這首貝多芬創作於將近二百年前的「大賦格」魅力了吧！

哭泣的貝多芬

緊接著是第十四號，一路走來的貝多芬踏入神秘世界。這首曲子看起來毫無結構、形式可言，共七個樂章，而且是不間斷地演奏，以往從未有人寫過這樣的弦樂四重奏，這時的貝多芬早就不在乎什麼音樂形式了。

不知該如何形容第一樂章的奇妙旋律。華格納曾這麼形容這個樂章：「以樂音表現出最深沉的悲哀。」我倒認為是超越「悲哀」的「生死觀」。

但第二樂章流洩的卻是宛如孩子們在天堂嬉戲的奇妙音樂。一想到這是貝多芬走到人生最後到達的世界，我就有種想哭的衝動。然後，第六樂章是進入深沉瞑想的世界。

第七樂章（終樂章）像要破除一直以來的氛圍，流洩著悲痛的音樂。後期弦樂四重奏中，再也沒有比這更令人感傷的樂章，我彷彿瞧見貝多芬哭泣的身影。回顧過往，面對自己的不幸人生，他像個孩子般放聲痛哭。每次聆賞這樂章，我就忍不住落淚，想到終其一生都在和命運搏鬥的他，內心就像被撕裂般痛楚。我想，這首曲子吐露了貝多芬的靈魂深處。據說舒伯特聽到這首曲子時，曾說：「叫我們從今往後還能寫些什麼呢？」

之後，貝多芬寫了堪稱遺作的第十六號弦樂四重奏曲，這首曲子已然到達「解脫」的境地。之前都是譜寫五個樂章、六個樂章、七個樂章之類的大曲，最後卻寫了只有四個樂章的小曲。

該如何形容第一樂章的「輕靈」呢？給人飄飄然的感覺，找不到絲毫貝多芬慣有的粗暴身姿。第二樂章更是失了重力，彷彿漂浮在無重力空間；第三樂章進入深沉冥想世界。不，用冥想這詞妥當嗎？也許是已經踏入彼岸（另一個世界）的音樂。

第四樂章（終樂章）的音樂也很神妙。開頭是晦暗、詭異的旋律，聽起來像在詢問什麼。貝多芬在樂譜上親筆寫著：「難道一定要這樣嗎？」緊接著是像在回答這問題似的明快旋律，寫道：「非得這樣不可。」留下這兩句讓人摸不著頭緒的話語。不斷與命運搏鬥的天才作曲家在遺作留下這個永遠無法解開的謎，溘然離世。

曲子最後以「非得這樣不可」的主題音樂，劃下句點。

颯爽又一流的演奏

只要是知名四重奏樂團的CD，無論哪一張都是上上之選。阿班・貝爾格弦樂四重奏、布達佩斯四重奏（Budapest String Quartet）、義大利弦樂四重奏（Quartetto Italiano）、茱利亞弦樂四重奏（Juilliard String Quartet）、拉薩葉弦樂四重奏（LaSalle Quartet）等，都是絕對一流的演奏，實力難分軒輊。

我個人喜歡的是艾默森弦樂四重奏（Emerson String Quartet）。雖然有些人認為他們颯爽的演奏風格稍嫌「輕」了點，我倒不覺得，他們的演奏絕對堪稱一流，尤其「大賦格」的演奏更是完美得無懈可擊。

百田尚樹私房推薦錄音版本

演奏：阿班．貝爾格四重奏

（弦樂四重奏全集）

一九八二年錄音

第二十四曲

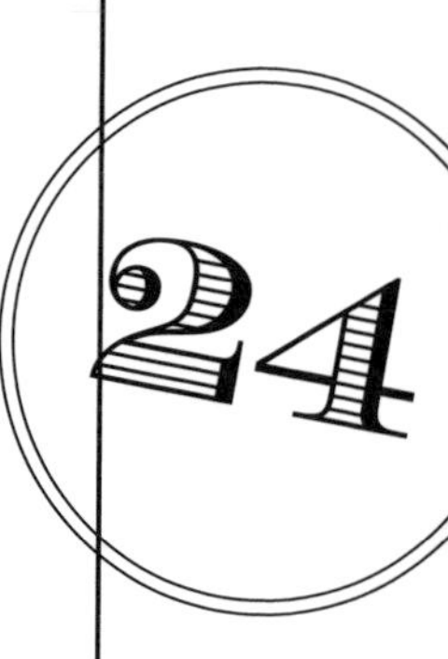

巴赫

《賦格的藝術》

訴說巴赫之死的「突然沉默」

MUZIK AIR 全曲收聽：

https://muzikair.page.link/n9Lp

不被同時代人們理解的偉大天才

世上有不少能以「偉大」這詞來形容的藝術家，各種領域都有所謂的巨人，但應該沒有人像巴赫（一六八五～一七五〇年）這樣立於頂峰中的頂峰吧。他的成就可說前無古人，後無來者；跨越時代、龐大的作品群，可說是達成所有創作者的目標，一位偉大的藝術家。

面對巴赫留下的眾多傑作，我驚嘆無言。一個人在短暫人生中，究竟能做多少工作？我怔怔地想著。《馬太受難曲》（Matthäuspassion）、《B小彌撒曲》（Mass in B minor）、超過一百首的清唱劇（cantata）、以《郭德堡變奏曲》為首的大鍵琴曲、《帕薩卡利亞舞曲與賦格》（Passacaglia and Fugue）等管風琴曲、無伴奏大提琴組曲、無伴奏小提琴奏鳴曲與組曲（Sonatas and Partitas for Solo Violin）等器樂曲、《布蘭登堡協奏曲》（Brandenburgische Konzerte）、管弦樂組曲（Orchestral Suites）等管弦樂曲，總數超過一千首。無論是哪一首，都是一流作曲家必須耗費好幾個月（甚至好幾年）才能創作出來的名曲，巴赫卻平均幾天便能做出一首，而且還是以這速度持續不輟地創作了四十年，令人難以置信，不是嗎？

他在家裡是個好丈夫，也是慈父，對許多門生而言，也是位良師。除了作曲之外，他還擔任教會的音樂總監（身兼管風琴家、合唱與管弦樂的指揮）。

除了是現今一流鋼琴家必須花上一輩子鑽研，也成了眾多音樂學者研究對象的兩卷《平均律鍵盤曲集》（四十八首前奏曲與賦格），竟是巴赫為了兒子寫的大鍵琴練習曲。順道一提，後來天才莫札特因為看到這個樂譜，受到不少衝擊，甚至影響他的創作。巴赫的腦中究竟塞了多少東西？就連他在樂譜空白處彷彿塗鴉似地隨手筆記的《十四首卡農》（14 Canons，二十世紀後半被發現），都是讓音樂學者驚嘆連連的傑作。

如此天才，應該說正因為是如此偉大的天才，所以不被同時代的人理解。相較於同時代出生、聲名遠播全歐洲的海頓，只有偏鄉城市萊比錫的人們知曉巴赫這號人物。巴赫過世後，作品非常分散，不少作品甚至佚失，搞不好裡頭有比上述那些作品更出色的傑作。一想到此，就覺得萬分可惜。

雖然巴赫各種類型的音樂都能寫，但讓他傾注畢生心力，追求的是「賦格」。

「賦格」就是同一個主題的旋律反覆出現、追逐的音樂，可說是最高超的古典音樂技法，巴赫亦是音樂史上最厲害的賦格作曲家。這次要介紹的是他最後寫的曲子《賦格的藝術》（Die Kunst der Fuge）。

沒有指定使用哪一種樂器

《賦格的藝術》是一首充滿謎團的曲子。

首先，沒有指定使用哪一種樂器，這實在是很妙的事。一般作曲家譜寫曲子時，都會設定是用哪一種樂器演奏，好比鋼琴奏鳴曲、交響曲、室內樂；但《賦格的藝術》樂譜並沒有寫是用哪一種樂器演奏這首曲子，或許巴赫的腦中只是純粹鳴響著這首曲子吧！（雖然現今認為應該是寫給大鍵琴等鍵盤樂器，既然

如此，為何不寫清楚？徒留了個謎）

另一個謎是，《賦格的藝術》這首曲子究竟有沒有完成？因為有人認為這首最後的賦格，只是《賦格的藝術》的一部分，也有人認為看起來是首獨立完整的曲子，可說意見分歧。我個人認為應該是前者，也就是說，這首最後的賦格並未完成，所以《賦格的藝術》是一部未完成的鉅作。

此外，《賦格的藝術》一共有多少首曲子也是個謎。之所以看法歧異，是因為巴赫的親筆譜與初版時的曲子排列順序不一樣，而且每個版本多少都有差異，所以不同演奏者，曲子的演奏順序也不一樣（市售CD亦然）。

所有曲子都用了超高難度的音樂技巧，像我這種不會看譜的素人要是沒看音樂學者的專業解說，根本不曉得曲子的神髓為何。

第一首是單純的賦格（雖說如此，還是非常厲害的傑作），從第二首開始便是一般人無法輕易進入的奇妙音樂世界。附帶一提，第二首是第一首主題的

「回轉」賦格。「回轉」就是將樂譜上下倒轉過來的形式，好比將「Re La Fa Re Do」這主題以「Fa」為中心，倒轉過來就成了「La Re Fa La Si」。

還有，從後面演奏主題旋律的「反向賦格」、整體樂譜像是映在鏡中影像似的「鏡像賦格」、將主題延長一倍的「增值賦格」；反之，將主題縮短的「縮減賦格」等。《賦格的藝術》就是將這些複雜的賦格予以排列組合，要是不邊看譜彈奏，根本抓不到整首曲子的全貌。雖然這是理所當然的事，但巴赫絕對不只是單純的排列樂音，而是將所有曲子都變成絕妙和聲，令人驚嘆不已。如同前述，這首曲子是他終其一生都在追求、傾注所有賦格技巧的畢生傑作。至於《賦格的藝術》是後世之人加上去的標題。

聆賞《賦格的藝術》時，有種像是在看萬花筒的心情。萬花筒有時就這麼閃現過去，有時是一瞬間的事，有時變換模樣，《賦格的藝術》也是這般不斷美麗地變化著，所以就算不曉得《賦格的藝術》的樂音結構也沒關係，盡情享受這份美就行了。

巴赫之所以沒有完成這首曲子，是因為失明的關係；雖然他試圖以口述筆記方式完成，可惜未能如願。

超乎想像的「三重賦格」

來聊聊最後的賦格吧！自古以來，關於這個賦格的主題眾說紛紜。有人說是由《賦格的藝術》主題變化而來的，也有人認為是全新的主題。以前者的說法來看，這個賦格屬於《賦格的藝術》一部分；若以後者的說法來看，則是全新的曲子。我個人認為這個賦格出現的第一主題是來自《賦格的藝術》主題的變形（第二主題與第三主題是新的）。這個最後的賦格是三重賦格，亦即三種不同的賦格同時演奏，一種超乎想像的複雜賦格。

首先，從第一主題的賦格開始，這是第一賦格。第一賦格結束後，接著是第二主題的賦格，然後第一賦格加入，展開雙重賦格。

雙重賦格結束後，第三主題的賦格開始。這個主題是由B（降Si）A（La

）C（Do）H（Si）這四個音組成，「BACH」就是巴赫的主題。這個主題展開時，第一主題加入，雙重賦格再次展開，接著第二主題也加入，逐漸變成壯闊的三重賦格，然後音樂突然結束。

有一說是，之後出現第四主題，成了人類從未聽過、氣勢磅礴的四重賦格。巴赫的第二個兒子卡爾．菲利浦．愛馬努埃爾．巴赫（Carl Philipp Emanuel Bach，也是知名作曲家）在父親未完成的親筆譜空白處留下這麼一句話：

「作曲家要加入以『BACH』之名為新主題的賦格時，不幸亡故。」

我聆賞《賦格的藝術》的CD時，突如其來的沉默讓我啞然，彷彿有個巨人突然從這世上消失似的衝擊。

但現今學者對於愛馬努埃爾．巴赫的這句話頗存疑，因為巴赫的親筆譜是寫於他失明之前。問題是，兒子應該不可能在父親的親筆譜上扯謊才是，況且也沒理由這麼做，所以我覺得這首曲子的確是巴赫的絕筆，而且還未完成就結束了，意味著《賦格的藝術》永遠不會完成。人類就算再怎麼進步，也永遠無法聽到這個音樂將如何發展下去。雖然演奏時，會在最後加上一個樂音，以此形式劃下句點，但我個人反對這麼做。因為唯有照譜演奏，才能吟味未完成的奧妙之處。

各種形式的演奏

如同前述，因為《賦格的藝術》沒有指定樂器，所以光是CD就有管弦樂、室內樂、管樂器、管風琴、大鍵琴、鋼琴等各種樂器的演奏版本，各自有著許多充滿魅力的演奏。

亨曼・雪恩（Hermann Scherchen）指揮瑞士義語區管弦樂團（Orchestra della Svizzera italiana）的演奏是交響樂版，銅管和木管樂器、以及弦樂器的陣容，堪稱是一場華麗的演奏，而且每首曲子都能突顯樂器的特色。

溫夏曼（Helmut Winschermann）指揮德國巴赫獨奏家樂團（German Bach Soloists）的雙簧管群與弦樂器的管弦樂演奏。溫夏曼擅長指揮巴赫的曲子，擁有真摯、高深的音樂造詣。黃金比例古樂團（Collegium Aureum）則是採弦樂合奏與大鍵琴的組合，展現無比沉穩的風格。

戈貝爾（Reinhard Goebel）指揮柯隆古樂團（Musica Antique Köln）採古樂器合奏的方式演出，但演奏風格有著現代風格的爽快俐落。

鋼琴演奏版本則以妮可拉耶娃（Tatiana Nikolayeva）、費爾茲曼（Vladimir Feltsman）、納歐霍夫（Emile Naoumoff）等的演奏都很推薦，尤以費爾茲曼的演奏最有特色，突顯對位法的巧妙。鬼才顧爾德也有鋼琴演奏版本，但只有演奏一部分。

雷翁哈特（Gustav Leonhardt）的大鍵琴演奏也十分出色，盲人管風琴家瓦爾哈（Helmut Walcha）的演奏也非常撼動人心。

高橋悠治以合成器（Synthesizer）演奏的版本還成為科幻電影的配樂，如此令人耳目一新的演奏方式也挺有趣。

百田尚樹私房推薦錄音版本

管風琴：萊翁諾・洛格（Lionel Rogg）

一九六九年錄音

第二十四曲　巴赫　《賦格的藝術》

第二十五曲

25

理查．史特勞斯《最後四首歌》

古典音樂的最後一道光芒

MUZIK AIR 全曲收聽：

https://muzikair.page.link/Lxw5

「現代音樂」得不到同時代之人的共鳴

我知道這麼說肯定會招來不少批評、反駁，近代古典音樂史活脫脫就是德國音樂史。十八世紀前期的偉大音樂家巴赫登場後，後期緊接著海頓、莫札特、貝多芬等天才輩出，德國音樂可說制霸全歐洲。進入十九世紀，以舒曼、蕭邦、孟德爾頌等人為首的「浪漫派」更加拓展，布拉姆斯、布魯克納（Anton Bruckner）等人的「後期浪漫派」將這股浪潮推得更高。無論是法國人白遼士（Hector Berlioz）、匈牙利人李斯特、捷克人德弗札克，還是俄國人柴科夫斯基，都是承襲德國樂派的音樂家。

直到十九世紀後期，出現名叫華格納的怪物。華格納寫的幾乎都是歌劇，而且他的音樂非常前衛、充滿挑戰性，用了各式各樣過往作曲家不曾用過的和弦（多是不協和音），甚至使用半音階，促使調性（像是C大調、F小調之類）變得曖昧。進入二十世紀後，深受華格納影響的荀貝格編排出十二音技巧（dodecaphony），也就是在八度內平均使用十二個音，抹去調性，堪稱音樂史上一大發現，但我個人非常不以為然。

總之，華格納與荀貝格之後，許多作曲家使用無調性與十二音技巧作曲，這些作品就統稱為「現代音樂」；然而，多數作品都不被大眾接受，得不到同時代之人的共鳴。

歐洲的古典樂界一直信奉「不斷創造新音樂才是王道」的信念，所以譜寫「古典音樂」的作曲家得不到評價。因此，進入二十世紀後，擅長以哀愁旋律譜寫浪漫曲子的拉赫曼尼諾夫（Sergei Rachmaninoff）等人，便一直遭樂評家們嘲諷是「搞錯時代的極致代表」。拉赫曼尼諾夫出身於離德國非常遙遠的俄羅斯，或許年少時代曾接受無調性與十二音技巧的洗禮，但歷經百年之後的今日，他的代表作第二號鋼琴協奏曲被視為二十世紀的傑作。

這次介紹的曲子是與拉赫曼尼諾夫活躍於同一個時期的另一位巨人，理查・史特勞斯（一八六四～一九四九年）臨終前譜寫的《最後四首歌》（Vier Letzte Lieder）。我認為這首曲子可說是德國音樂，不，古典音樂走至向晚時分的最後一道光芒。

背負著納粹幫凶的污名

理查．史特勞斯比拉赫曼尼諾夫年長九歲，出身於音樂先驅國德國，亦即能夠完整接受新音樂浪潮滋潤的音樂家。事實上，他十八歲那年接觸到華格納的音樂便為之傾迷，之後深受華格納影響，陸續創作新型態音樂；縱然如此，他並沒有捨棄優美的旋律（有調性的旋律）。對於理查．史特勞斯來說，美麗的旋律比什麼都重要，所以無調性音樂與十二音技巧看在他眼裡，絲毫沒有魅力可言。

雖然史特勞斯的音樂遭到同時代樂評家、音樂家的狠批，但他還是繼續創作，力抗非議。他三十四歲那年創作了交響詩《英雄的生涯》，不但將自己比喻成「英雄」，還讓那些批評他的樂評家、音樂家在第二首〈英雄的對手〉登場。順道一提，雖然英雄（史特勞斯）被那些人批判得體無完膚，但在第三首〈英雄的伴侶〉擄獲愛妻芳心的英雄，於第四首〈英雄的戰鬥〉反擊那些批評他的人。這是多麼戲謔的音樂啊，但我認為這是史特勞斯的傑作。

後來成為歌劇作曲家的史特勞斯又陸續創作嶄新的歌劇作品，而且是完全背離前衛音樂，寫出可說是擬古典主義的歌劇。他的至高傑作《玫瑰騎士》（Der Rosenkavalier）打造出猶如莫札特世界的氛圍（雖說如此，還是和莫札特的音樂截然不同）。

史特勞斯雖然飽受同時代樂評家們的批判，他的作品卻深受大眾喜愛，一步步成為公認的德國樂壇帝王。倘若他在七十歲左右告別人世的話，或許就能像他寫的交響詩《英雄的生涯》般光榮謝幕。諷刺的是，高壽的史特勞斯晚年卻飽受大時代的無情捉弄：六十九歲那年，納粹奪得政權。

納粹（Nazi）建立的第三帝國讓德國人飽嚐辛酸，史特勞斯被任命擔任國家音樂局（Reichsmusikkammer）總監，為納粹政權從事音樂活動（像是為締結日德義防共協定的日本，譜寫《日本皇紀二千六百年奉祝樂曲》（Japanese

Festival Music）等），在納粹統治下的德國忍辱偷生。結果戰後被視為向納粹靠攏的音樂家，遭同盟國彈劾，慘遭全世界音樂家唾棄。

其實是因為史特勞斯的媳婦是猶太人，為了保全家人，他必須討好納粹當局。再者，歌劇《沉默的女人》（Die schweigsame Frau）首演時，納粹當局要求他「刪掉海報上的猶台人腳本家茲沃克（Stefan Zweig）的名字」，史特勞斯抵死不從，所以他並不是一味迎合納粹的作曲家。

雖然同盟國的軍事法庭判決史特勞斯無罪，卻無法拿回失去的光榮。他只好悄悄離開德國，隱居瑞士。

一九四八年，八十四歲的史特勞斯因為讀了艾興多夫（Joseph Freiherr von Eichendorff）寫的詩《日暮之時》（Im Abendrot），感觸良深，便寫了一首由女高音獨唱、交響樂團伴奏的曲子。後來又從赫曼·赫塞（Hermann Hesse）的詩集引用了《春》（Frühling）、《九月》（September）、《就寢時》（Beim Schlafengehen）這三首詩，並譜上音樂。這四首詩都是描寫「死亡」，或許史特勞斯感受到自己大限將至，所以對這幾首詩很有共鳴吧！他寫完這首作品後，翌年與世長辭，身歿後才出版的《最後四首歌》也成了遺作。

描述逐漸西沉的太陽

每次聆賞這首曲子時，就會感受到史特勞斯臨終前，內心深處那無盡的孤獨與生死觀，也感受到臻於古典音樂的某種境界。

這首曲子沒有任何無調性音樂、十二音技巧之類的前衛要素，卻也不是那麼陳腐老套。乍聽充滿古意蒼茫的氛圍，述說德國音樂一路走來的歷史，綴著一路磨練出來的所有音樂技巧，這就是我感受到的某種境界。此外，這首曲子也宣告古典音樂時代落幕。美麗旋律與複音音樂的組合，宛如紡著一件「音樂的織品」，而紡出來的最後一首德國音樂就是這首《最後四首歌》。

這四首歌曲在大調與小調之間是採不間斷地反覆轉調、移調，聽起來就像在描述往來彼岸與現世的幽玄世界。

第一首的〈春〉是以晦暗的氛圍開始，不久雖然變成大調，整體曲風為還是相當晦暗。總覺得相較於其他三首，這一首的完成度比較差。不好意思，純屬個人感想。

第二首的〈九月〉與第三首的〈就寢時〉，都是無與倫比的傑作。讓我深深覺得即便是史特勞斯最出色的歌劇，恐怕也沒有能與這首曲子匹敵的詠嘆調吧！第二首最後的法國號、第三首中段的小提琴部分，緊揪著聽者的心。

最後一首〈日暮之時〉是歌曲集中最長的一首（超過七分鐘），不清楚史特勞斯是否有意將這四首歌曲匯集成歌曲集出版，也不知是誰將其統整成歌曲集、並決定曲子的順序，但無論是誰聽到這個歌曲集，都會覺得將〈日暮之時〉作為歌曲集的最後裝飾再恰當不過了。

開頭的莊嚴和弦，彷彿描繪太陽緩緩沉入遙遠地平線的光景。史特勞斯曾在交響詩《查拉圖斯特拉如是說》的開頭，以音樂表現太陽在黑暗世界中逐漸升起的模樣。在人生即將落幕之時，則描述了逐漸西沉的太陽，而這個太陽就是史特勞斯自己，也代表著古典音樂。

靜靜消失似的結束，最後的歌詞如下。

喔，廣闊寧靜的和平啊！

被深深包覆於日暮之時，

漂泊不定的我們累了。

莫非這就是死亡嗎？

無瑕之美

有好幾位女高音都完美詮釋過這首曲子，所以從古至今有相當多不容錯過的名盤，像是由女高音舒瓦茲柯芙（Elisabeth Schwarzkopf）演唱，喬治·塞爾指揮柏林廣播交響樂團（Rundfunk-Sinfonieorchester Berlin）的演奏著實精彩。舒瓦茲柯芙是位技巧高超的女高音，她的歌聲和史特勞斯被稱為人工美的音樂達到完美契合。另外，也是由舒瓦茲柯芙擔綱，阿克曼（Otto Ackermann）指揮愛樂管弦樂團的演出也是不容錯過的名盤。

女高音雅諾維茲（Gundula Janowitz）的歌聲也是十分美妙，由卡拉揚指揮柏林愛樂的演奏可說精緻無比，堪稱完美無瑕。雅諾維茲也曾與傑利畢達克（Sergiu Celibidache）指揮的羅馬．義大利廣播交響樂團（Orchestra Sinfonica della RAI Roma）合作，她的現場歌聲妖豔十足，有著令人不禁起雞皮疙瘩的魅力。

女高音費莉西提（Felicity Lott）擔綱，尼姆．賈維（Neeme Järvi）指揮蘇格蘭皇家管弦樂團（Royal Scottish National Orchestra）的演奏、女高音波普（Lucia Popp）擔綱，鄧許泰特（Klaus Tennstedt）指揮倫敦愛樂的演奏也是無可非議地精彩。

女高音芭芭拉．邦妮（Barbara Bonney），搭檔馬替努（Malcolm Martineau）的鋼琴伴奏（馬克斯．沃夫（Max Wolf）編曲）的演出，可以吟味不同於交響樂版的美妙。

百田尚樹私房推薦錄音版本

女高音：露西亞·波普

指揮：鄧許泰特

倫敦愛樂管弦樂團

一九八二年錄音

後記

我的工作室約十八坪，兼作家庭劇院。我在這裡執筆創作，有時會放鬆一下（其實放鬆時間遠比工作時間來得長），一整天聆賞著喜愛的音樂，自己也覺得是很奢侈的空間與時間。

其實不只我，現代人任誰都能輕鬆聽音樂。只要上網就能下載想聽的曲子，隨時都能輕鬆聆賞，還能去ＫＴＶ一展歌喉。

就算我不積極地聽音樂，音樂也會自動進入我的耳裡，好比一打開電視，音樂就如洪水般流洩。無論是連續劇、綜藝節目、益智節目還是紀錄片，幾乎都有音樂鳴響著，就連新聞節目、教育節目也會有背景音樂，廣告音樂更是無所不在。

走在繁華街道、商店街時也是，不是會聽到哪裡傳來的音樂，咖啡廳、餐廳也會播放音樂，說是一整天與音樂為伴也不為過。我們的耳朵已然對音樂處於半麻痺狀態，所以不可能對於一整天流洩的每一種音樂都滿懷感動，甚至落淚；因為要是這麼做的話，我們的心會耗損。

我突然想到一件事。對於百年前的人們而言，音樂又是什麼樣的存在呢？

那年代沒有電視，也沒有廣播，既沒CD，也沒網際網路。電影是無聲的，也就無須配樂。黑膠唱片剛推出時，只有極少數人才買得起留聲機（音質很差）；也就是說，一般人在日常生活中，除了自己或家人朋友唱唱歌之外，根本沒什麼機會聆賞現場演奏。

身處那樣的時代，能夠現場聆賞一流演奏家演奏偉大音樂家創作的名曲，又是什麼樣的感覺？那種興奮與感動恐怕是現代人無法想像的吧！以往貝多芬和蕭邦的鋼琴演奏總是讓同時代的人感動到淚流滿面，帕格尼尼（Niccolò Paganini）的小提琴演奏讓人聽得如癡如醉，李斯特的鋼琴演奏則是讓聽者狂喜不已；就某種意思來說，這都是理所當然的事。

家母生於大正十五年（註：一九二六年），今年高齡九十二的她從小在四國的鄉下長大。某天夜裡，當小小年紀的她正要鑽進被窩時，忽然聽到有人在拉小提琴。她躺在床上側耳傾聽，不自覺感動得淚流不止。恐怕這提琴聲是出自技巧還很拙劣的素人之手吧！但對於家裡連收音機都沒有的母親來說，這樂聲彷彿來自天上。母親這番話，讓我深思感動為何。

身處二十一世紀的我們只要打開音響、放入CD，或是上YouTube搜尋，就能坐在自家客廳，欣賞國際頂尖演奏家演奏過往偉大音樂家創作的名曲、傑作。想想，這是多麼奢侈的事啊！

無奈我們早已習慣這種奢侈，亦是不爭的事實。正因為輕輕鬆鬆就能聽到，反而忘了心存感恩，就連心也變得遲鈍，同時也不太會因為精彩樂聲而感動不已。這感覺就像吃得很撐時，就算吃再怎麼美味的佳餚，也嚐不出美味的道理是一樣的。我想，這就是身為現代人的悲哀吧！

當然，我也一樣。學生時代的我住的便宜宿舍裡沒有電視機、收音機，也沒有電腦，只有一台二手的唱片播放器（Record player）。正因為那時必須打工存錢才買得起唱片，所以會全神貫注地聆賞，被美好的音樂深深感動。今後，我也想一邊拙筆為文，一邊在有限（所剩不多）的生命裡，認真傾聽這些美好精彩的音樂。

本書是根據左列的連載，加以補充、改寫而成。

月刊「Voice」（PHP研究所）二〇一五年十月號。

二〇一六年一月號、二〇一六年三月號~二〇一八年二月號

國家圖書館出版品預行編目 (CIP) 資料

至高の音樂 . 3 : 古典樂天才的登峰造極 / 百田尚樹著 ;
楊明綺譯 . -- 初版 . -- 臺北市 : 有樂出版 , 2020.07
面 ; 公分 . -- (音樂日和 ; 12)
譯自 : クラシック 天才たちの到達点
ISBN 978-986-96477-4-8(平裝)

1. 音樂 2. 音樂欣賞 3. 文集

910.7 109010797

音樂日和　12

至高の音樂 3：古典樂天才的登峰造極

クラシック　天才たちの到達点

作者：百田尚樹
譯者：楊明綺
發行人兼總編輯：孫家璁
副總編輯：連士堯
責任編輯：林虹聿
封面設計：高偉哲

出版：有樂出版事業有限公司
地址：114 台北市內湖區瑞光路 583 巷 30 號 7 樓
電話：（02）25775860
傳真：（02）87515939
Email：service@muzik.com.tw
官網：http://www.muzik.com.tw
客服專線：（02）25775860
法律顧問：天遠律師事務所　劉立恩律師

總經銷：大和書報圖書股份有限公司
地址：248 新北市新莊區五工五路 2 號
電話：（02）89902588
傳真：（02）22997900

印刷：宇堂印刷設計有限公司
初版：2020 年 7 月
定價：320 元

Printed in Taiwan

音樂日和

精選日系著作，知識、實用、興趣等多元主題一次網羅

福田和代

碧空的卡農
航空自衛隊航空中央樂隊記事

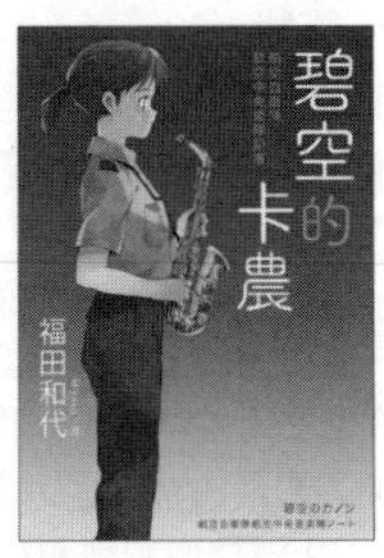

定價：320 元

航空自衛隊的樂隊少女鳴瀨佳音，
個性冒失卻受到同僚朋友們的喜愛，
只煩惱神祕體質容易遭遇突發意外與謎團；
軍中樂譜失蹤、無人校舍被半夜點燈、
樂器零件遭竊、戰地寄來的空白明信片……
就靠佳音與夥伴們一同解決事件、揭發謎底！
清爽暖心的日常推理佳作，熱情呈現！

留守 key

戰鬥吧！漫畫·俄羅斯音樂物語
從葛令卡到蕭斯塔科維契

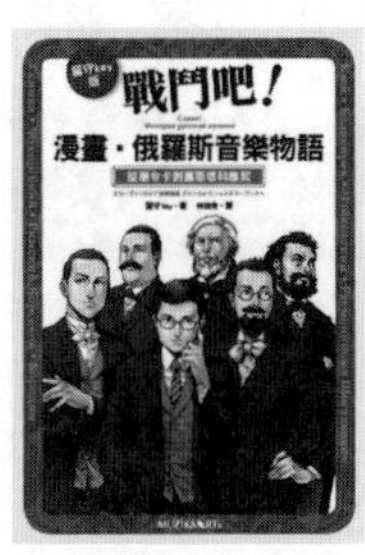

定價：280 元

音樂家對故鄉的思念與眷戀，
醞釀出冰雪之國悠然的迷人樂章。
六名俄羅斯作曲家最動人心弦的音樂物語，
令人感動的精緻漫畫＋充滿熱情的豐富解說，
另外收錄一分鐘看懂音樂史與流派全彩大年表，
戰鬥民族熱血神秘的音樂世界懶人包，一本滿足！

百田尚樹

至高の音樂 2：這首名曲超厲害！

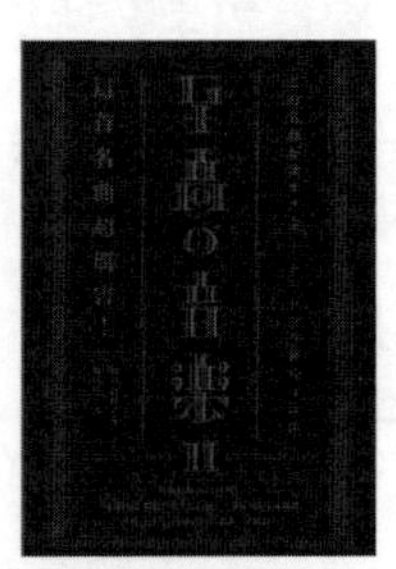

定價：320 元

《永遠の 0》暢銷作者百田尚樹
人氣音樂散文集《至高の音樂》續作
精挑細選古典音樂超強名曲 24 首
侃侃而談名曲與音樂家的典故軼事
見證這些跨越時空、留名青史的古典金曲
何以流行通俗、魅力不朽！

茂木大輔

樂團也有人類學？
超神準樂器性大解析

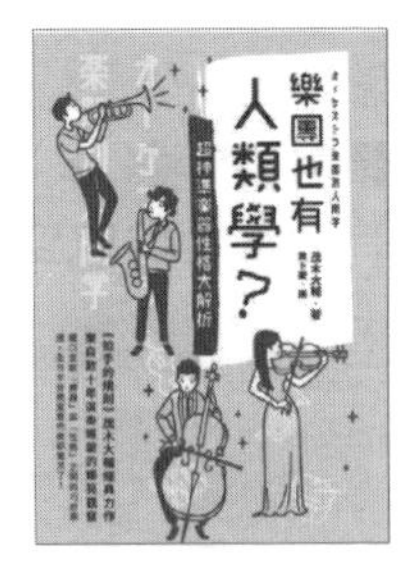

《拍手的規則》人氣作者茂木大輔
又一幽默生活音樂實用話題作！
是性格決定選樂器、還是選樂器決定性格？
從樂器的音色、演奏方式、合奏定位出發詼諧分析，
還有 30 秒神準心理測驗幫你選樂器，
最獨特多元的樂團人類學、盡收一冊！

定價：320 元

百田尚樹

至高の音樂：百田尚樹的私房古典名曲

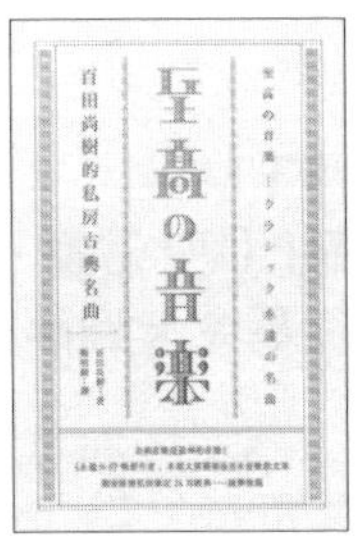

暢銷書《永遠的0》作者百田尚樹
2013 本屋大賞得獎後首本音樂散文集，
親切暢談古典音樂與作曲家的趣聞軼事，
獨家揭密啟發創作靈感的感動名曲，
私房精選 25+1 首不敗古典經典
完美聆賞·文學不敵音樂的美妙瞬間！

定價：320 元

藤拓弘

超成功鋼琴教室經營大全
～學員招生七法則～

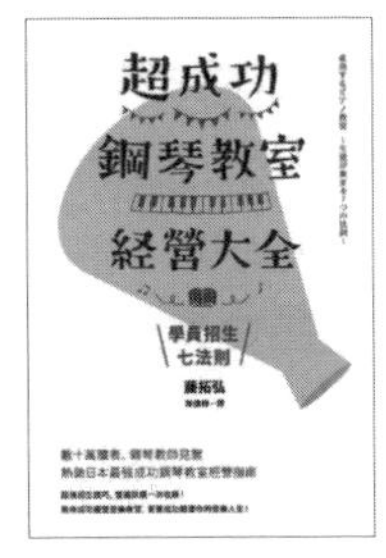

個人鋼琴教室很難經營？
招生總是招不滿？學生總是留不住？
日本最紅鋼琴教室經營大師
自身成功經驗不藏私
7 個法則、7 個技巧，
讓你的鋼琴教室脫胎換骨！

定價：299 元

西澤保彥

幻想即興曲－偵探響季姊妹～蕭邦篇

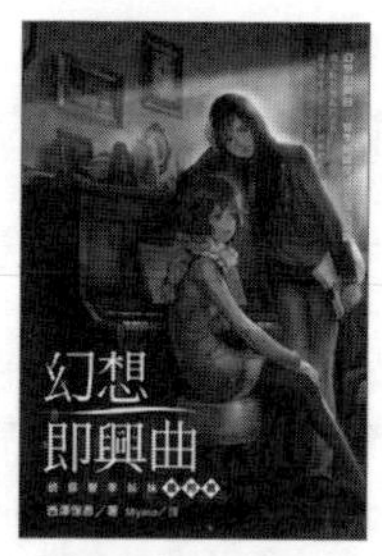

定價：320 元

一首鋼琴詩人的傳世名曲，
一宗嫌疑犯主動否認有利證詞的懸案，
受牽引改變的數段人生，
跨越幾十年的謎團與情念終將謎底揭曉。
科幻本格暢銷作家首度跨足音樂實寫領域，
跨越時空的推理解謎之作，
美女姊妹偵探系列 隆重揭幕！

樂洋漫遊

典藏西方選譯，博覽名家傳記、經典文本，
漫遊古典音樂的發源熟成

趙炳宣

音樂家被告中！今天出庭不上台 古典音樂法律攻防戰

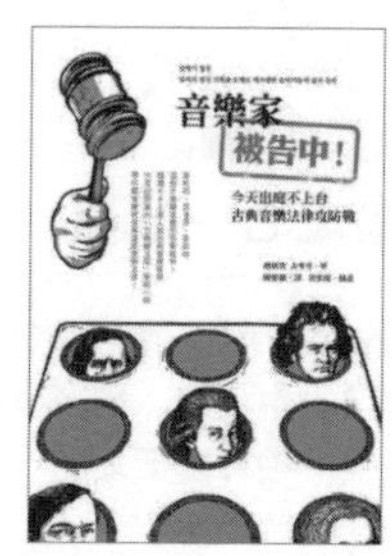

定價：500 元

貝多芬、莫札特、巴赫、華格納等音樂巨匠
這些大音樂家們不只在音樂史上赫赫有名
還曾經在法院紀錄上留過大名？
不說不知道，這些音樂家原來都曾被告上法庭！
音樂╳法律　意想不到的跨界結合
韓國 KBS 高人氣古典音樂節目集結一冊
帶你挖掘經典音樂背後那些大師們官司纏身的故事

基頓·克萊曼

寫給青年藝術家的信

小提琴家　基頓·克萊曼
數十年音樂生涯砥礪琢磨
獻給所有熱愛藝術者的肺腑箴言
邀請您從書中的犀利見解與寫實觀點
一同感受當代小提琴大師
對音樂家與藝術最真實的定義

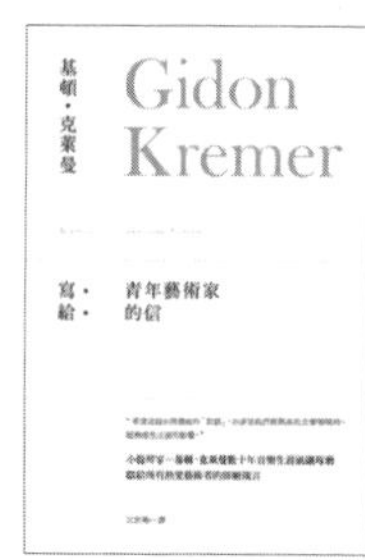

定價：250 元

菲力斯·克立澤&席琳·勞爾

音樂腳註
我用腳，改變法國號世界！

天生無臂的法國號青年
用音樂擁抱世界
2014 德國 ECHO 古典音樂大獎得主
菲力斯．克立澤用人生證明，
堅定的意志，決定人生可能！

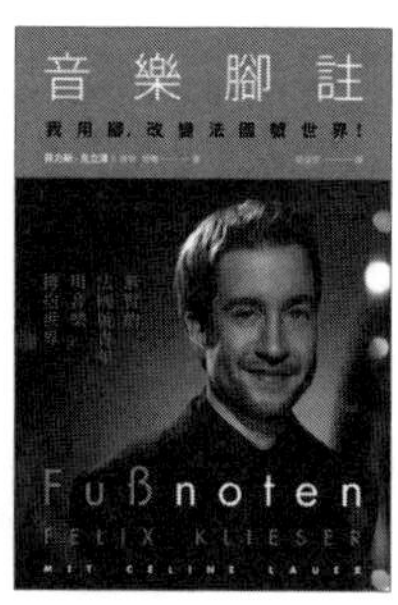

定價：350 元

瑪格麗特·贊德

巨星之心～莎賓·梅耶音樂傳奇

單簧管女王唯一傳記　全球獨家中文版
多幅珍貴生活照　獨家收錄
卡拉揚與柏林愛樂知名「梅耶事件」
始末全記載
見證熱愛音樂的少女逐步成為舞台巨星
造就一代單簧管女王傳奇

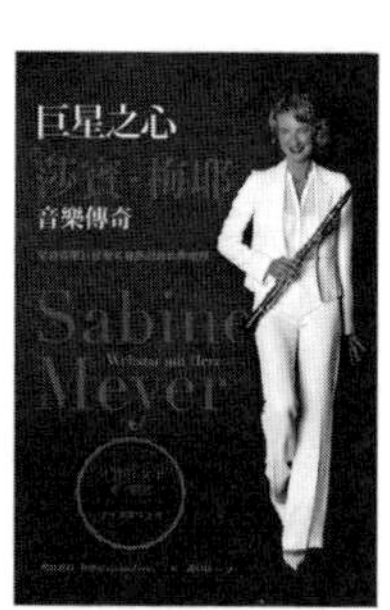

定價：350 元

伊都阿·莫瑞克

莫札特，前往布拉格途中

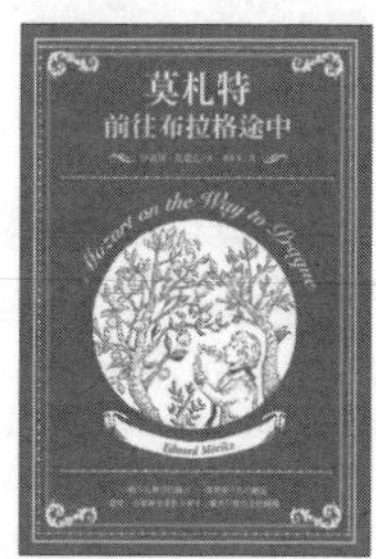

定價：320 元

一七八七年秋天，莫札特與妻子前往布拉格的途中，

無意間擅自摘取城堡裡的橘子，因此與伯爵一家結下友誼，並且揭露了歌劇新作《唐喬凡尼》的創作靈感，為眾人帶來一段美妙無比的音樂時光……

一顆平凡橘子，一場神奇邂逅

一同窺見，音樂神童創作中，靈光乍現的美妙瞬間。

【莫札特誕辰 260 年紀念文集　同時收錄】

《莫札特的童年時代》、《寫於前往莫札特老家途中》

路德維希·諾爾

貝多芬失戀記－得不到回報的愛

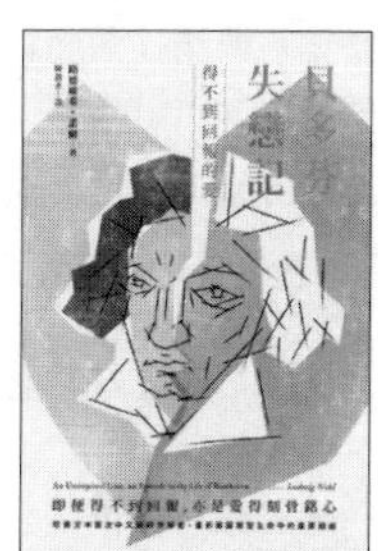

定價：320 元

即便得不到回報　亦是愛得刻骨銘心

友情、親情、愛情，真心付出的愛若是得不到回報，

對誰都是椎心之痛。

平凡如我們皆是，偉大如貝多芬亦然。

珍貴文本首次中文版　問世解密

重新揭露樂聖生命中的重要插曲

有樂映灣

發掘當代潮流，集結各種愛樂人的文字選粹，
感受臺灣樂壇最鮮活的創作底蘊

林佳瑩&趙靜瑜

華麗舞台的深夜告白
賣座演出製作祕笈

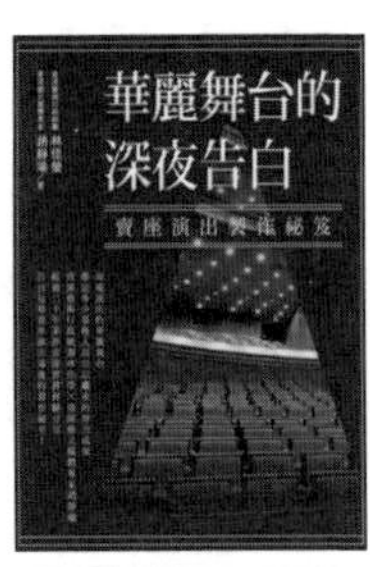

每場演出的華麗舞台，
都是多少幕後人員日以繼夜的努力成果，
從無到有的策畫過程又要歷經多少環節？
資深藝術行政統籌林佳瑩╳資深藝文媒體專家
趙靜瑜，超過二十年業界資深實務經驗分享，
告白每場賣座演出幕後的製作祕辛！

定價：300 元

胡耿銘

穩賺不賠零風險！
基金操盤人帶你投資古典樂

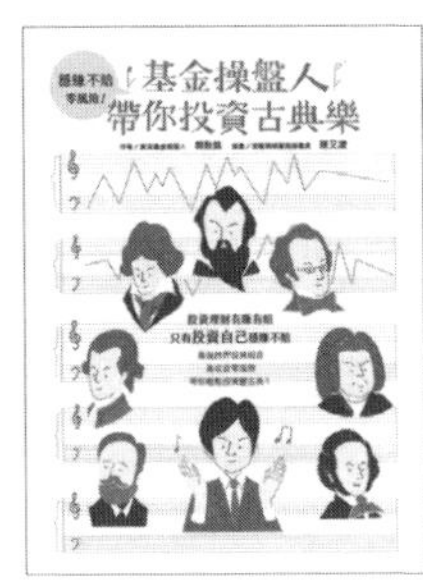

從古典音樂是什麼，聽什麼、怎麼聽，
到環遊世界邊玩邊聽古典樂，閒談古典樂中魔法與命理的非理性主題、名人緋聞八卦，基金操盤人的私房音樂誠摯分享不藏私，五大精彩主題，與您一同掌握最精密古典樂投資脈絡！
快參閱行家指引，趁早加入零風險高獲益的投資行列！

定價：400 元

blue97

福特萬格勒：世紀巨匠的完全透典

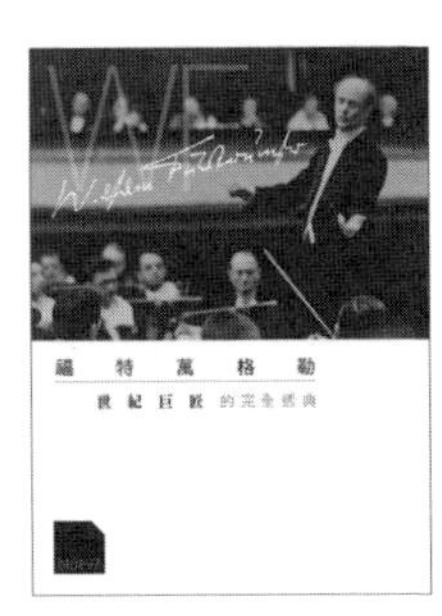

《MUZIK 古典樂刊》資深專欄作者
華文世界首本福特萬格勒經典研究著作
二十世紀最後的浪漫派主義大師
偉大生涯的傳奇演出與版本競逐的錄音瑰寶
獨到筆觸全面透析　重溫動盪輝煌的巨匠年代
★隨書附贈「拜魯特第九」傳奇名演復刻專輯

定價：500 元

《至高の音樂 3：古典樂天才的登峰造極》獨家優惠訂購單

訂戶資料

收件人姓名：＿＿＿＿＿＿＿＿＿＿ □先生　□小姐

生日：西元 ＿＿＿＿＿＿ 年 ＿＿＿＿ 月 ＿＿＿＿＿ 日

連絡電話：（手機）＿＿＿＿＿＿＿＿＿＿（室內）＿＿＿＿＿＿

Email：＿＿＿＿＿＿＿＿＿＿＿＿＿＿＿＿＿＿＿＿＿＿＿

寄送地址：□□□ ＿＿＿＿＿＿＿＿＿＿＿＿＿＿＿＿＿＿＿＿＿

＿＿＿＿＿＿＿＿＿＿＿＿＿＿＿＿＿＿＿＿＿＿＿＿＿＿＿＿＿＿

信用卡訂購

□ VISA　□ Master　□ JCB（美國 AE 運通卡不適用）

信用卡卡號：＿＿＿＿-＿＿＿＿-＿＿＿＿-＿＿＿＿

有效期限：＿＿＿＿＿＿＿

發卡銀行：＿＿＿＿＿＿＿＿＿＿＿＿

持卡人簽名：＿＿＿＿＿＿＿＿＿＿＿＿＿＿

訂購項目

□《群青的卡農－航空自衛隊航空中央樂隊記事 2》優惠價 253 元
□《碧空的卡農－航空自衛隊航空中央樂隊記事》優惠價 253 元
□《戰鬥吧！漫畫．俄羅斯音樂物語》優惠價 221 元
□《華麗舞台的深夜告白－賣座演出製作祕笈》優惠價 237 元
□《音樂家被告中！今天出庭不上台－古典音樂法律攻防戰》優惠價 395 元
□《樂團也有人類學？超神準樂器性格大解析》優惠價 253 元
□《至高の音樂 2：這首名曲超厲害！》優惠價 253 元
□《至高の音樂：百田尚樹的私房古典名曲》優惠價 253 元
□《穩賺不賠零風險！基金操盤人帶你投資古典樂》優惠價 316 元
□《莫札特，前往布拉格途中》優惠價 253 元
□《幻想即興曲－偵探響季姊妹～蕭邦篇》優惠價 253 元
□《福特萬格勒～世紀巨匠的完全透典》優惠價 395 元
□《貝多芬失戀記－得不到回報的愛》優惠價 253 元
□《巨星之心～莎賓．梅耶音樂傳奇》優惠價 277 元
□《音樂腳註》優惠價 277 元　□《寫給青年藝術家的信》優惠價 198 元
□《超成功鋼琴教室經營大全》優惠價 237 元
□《超成功鋼琴教室行銷大全》優惠價 237 元

劃撥訂購　劃撥帳號：50223078　戶名：有樂出版事業有限公司

ATM 匯款訂購（匯款後請來電確認）

國泰世華銀行（013）　帳號：1230-3500-3716

請務必於傳真後 24 小時後致電讀者服務專線確認訂單

傳真專線：（02）8751-5939

有樂出版

請　貼　郵　資

11492　台北市內湖區瑞光路 583 巷 30 號 7 樓
有樂出版事業有限公司　編輯部　收

請沿虛線對摺

有樂出版

音樂日和 12
《至高の音樂 3：古典樂天才的登峰造極》

填問卷送雜誌！

只要填寫回函完成，並且留下您的姓名、E-mail、電話以及地址，郵寄或傳真回有樂出版事業有限公司，即可獲得《MUZIK古典樂刊》乙本！（價值NT$200）

《至高の音樂 3：古典樂天才的登峰造極》讀者回函

1. 姓名：＿＿＿＿＿＿＿，性別：□男　□女
2. 生日：＿＿＿＿＿ 年 ＿＿＿＿＿ 月 ＿＿＿＿＿ 日
3. 職業：□軍公教　□工商貿易　□金融保險　□大眾傳播
   □資訊業　□製造業　□服務業　□學生　□其他
4. 教育程度：□國中以下　□高中 / 職　□大學 / 專科　□碩士以上
5. 平均年收入：□ 25 萬以下　□ 26-60 萬　□ 61-120 萬　□ 121 萬以上
6. E-mail：＿＿＿＿＿＿＿＿＿＿＿＿＿＿＿＿＿＿
7. 住址：＿＿＿＿＿＿＿＿＿＿＿＿＿＿＿＿＿＿
8. 聯絡電話：＿＿＿＿＿＿＿＿＿＿＿＿＿＿＿＿
9. 您如何發現《至高の音樂 3：古典樂天才的登峰造極》這本書的？
   □在書店閒晃時　□網路書店的介紹，哪一家：＿＿＿＿＿＿＿
   □ MUZIK AIR 推薦　□朋友推薦
   □其他：＿＿＿＿＿＿＿
10. 您習慣從何處購買書籍？
    □網路商城（博客來、讀冊生活、PChome...）
    □實體書店（誠品、金石堂、一般書店 ...）
    □其他：＿＿＿＿＿＿＿
11. 平常我獲取音樂資訊的管道是……
    □電視　□廣播　□雜誌 / 書籍　□唱片行
    □網路　□手機 APP　□其他：＿＿＿＿＿＿＿
12. 《至高の音樂 3：古典樂天才的登峰造極》，
    我最喜歡的部分是……（可複選）
    □第一曲　□第二曲　□第三曲　□第四曲　□第五曲　□第六曲
    □第七曲　□間奏曲　□第八曲　□第九曲　□第十曲　□第十一曲
    □第十二曲　□第十三曲　□第十四曲
    □前奏曲　□第十五曲　□第十六曲　□第十七曲　□第十八曲
    □第十九曲　□第二十曲　□第二十一曲　□第二十二曲　□第二十三曲
    □第二十四曲　□第二十五曲
13. 《至高の音樂 3：古典樂天才的登峰造極》吸引您的原因？（可複選）
    □喜歡封面設計　□喜歡古典音樂　□喜歡作者
    □價格優惠　□內容很實用　□其他：＿＿＿＿＿＿＿
14. 您希望我們未來出版何種書籍？
    ＿＿＿＿＿＿＿＿＿＿＿＿＿＿＿＿＿＿＿＿
15. 您對我們的建議：
    ＿＿＿＿＿＿＿＿＿＿＿＿＿＿＿＿＿＿＿＿
    ＿＿＿＿＿＿＿＿＿＿＿＿＿＿＿＿＿＿＿＿